¿QUIÉN ES EL MEJOR DE TODOS LOS TIEMPOS?

Con un agradecimiento especial a Jamie *La Leyenda* Evans, de la Academia Langley, que nos ayudó a concebir la idea durante una charla literaria.
M. O. y S. B.

Avda. Diagonal, 662-664, 08034 Barcelona (España)
www.planetadelibrosinfantilyjuvenil.com
www.planetadelibros.com
infoinfantilyjuvenil@planeta.es
Primera edición: junio de 2025
ISBN: 978-84-08-30246-9
Depósito legal: B. 9.051-2025
Impreso en España

El papel de este libro procede de bosques gestionados de forma sostenible y de fuentes controladas.

LOS GOAT DEL FÚTBOL

MESSI VS. RONALDO

MATT OLDFIELD

SETH BURKETT

PJ

ÍNDICE

MEDIA PARTE

ESTADÍSTICAS

INCIDENCIA

PRÓRROGA

T DEL FÚTBOL MESS
ALDO LOS GOAT DE
L MESSI VS. RONALDO
T DEL FÚTBOL MESS
ALDO LOS GOAT DE
L MESSI VS. RONALDO
T DEL FÚTBOL MESS
ALDO LOS GOAT DE
L MESSI VS. RONALDO
T DEL FÚTBOL MESS
ALDO LOS GOAT DE
L MESSI VS. RONALDO
T DEL FÚTBOL MESS
ALDO LOS GOAT DE
L MESSI VS. RONALDO
T DEL FÚTBOL MESS
ALDO LOS GOAT DE
SSI VS. RONALDO LO
EL FÚTBOL MESSI VS

SAQUE INICIAL

¿QUÉ ES UN GOAT DEL FÚTBOL?

Hola, somos Matt y Seth, dos amigos a los que les encanta el fútbol. ¡Muchísimo! Como estás leyendo este libro (gracias, por cierto), suponemos que a ti también te gusta el fútbol. ¡Estupendo! Bienvenido a nuestro mundo…

Nos encanta jugar al fútbol, ver partidos de fútbol y leer sobre fútbol. Pero, sobre todo, nos apasiona discutir entre nosotros sobre fútbol.

Matt
¡Tu equipo es una porquería! ¡Mi equipo lo destrozaría 50-0 sin despeinarse!

Seth
Matt, ¡esa sería la mayor paliza de la historia del fútbol!

Matt
¡¿Y?!

Y nuestro tema favorito de discusión es… ¿Quién es el GOAT del fútbol?

Sí, «GOAT» significa «cabra» en inglés, pero queremos aclarar algo muy importante desde ya: este libro no trata de animales. ¡Lo sentimos! No nos malinterpretes, nos gustan mucho las cabras que pastan en el campo o que puedes encontrar en una granja, pero preferimos las que deslumbran en un campo de fútbol, es decir, a los…

GREATEST OF ALL TIME.

Y es que «GOAT» es el acrónimo en inglés de «el mejor de todos los tiempos» para referirnos a los jugadores más inteligentes, rápidos, hábiles y exitosos que ha dado el deporte rey. A lo largo de los años, ha habido auténticas leyendas, pero creemos que hay dos jugadores que destacan por encima del resto…

¡MESSI Y RONALDO!

LIONEL

MESSI

FECHA DE NACIMIENTO	24 de junio de 1987
LUGAR DE NACIMIENTO	Rosario, Argentina
DEMARCACIÓN ACTUAL	Delantero centro
CLUBES	· FC Barcelona (2003-21) · PSG (2021-23) · Inter Miami (2023-actualidad)
APODOS	Leo · Messidona La Pulga El Pequeño Mago · GOAT

CRISTIANO

RONALDO

FECHA DE NACIMIENTO	5 de febrero de 1985
LUGAR DE NACIMIENTO	Madeira, Portugal
DEMARCACIÓN ACTUAL	Delantero
CLUBES	· Sporting Club de Portugal (2002-03) · Manchester United (2003-09, 2021-22) · Real Madrid (2009-18) · Juventus (2018-21) · Al-Nassr (2022-actualidad)
APODOS	Ronnie · CR7 · El Bicho Mr. Champions League · GOAT

Perfecto, ¡que empiece el partido! ¿Quién es el número uno, el mejor de los mejores, el indiscutible GOAT del fútbol?

Seth
Es evidente, ¡Ronaldo! No hace falta perder el tiempo…

Matt
¡Eh, no tan rápido! ¡No estoy de acuerdo! Messi es el GOAT.

Seth
¿Cómo? ¿Ese argentino pequeñajo que solo sabe usar su pie izquierdo? ¿Ese que siempre ha contado con compañeros de equipo increíbles y que nunca ha tenido que esforzarse para triunfar?

Matt
¿Estás hablando del argentino pequeñajo que lo ha ganado absolutamente todo, incluida la Copa Mundial?

Seth
¡Lo que tú digas! Me parece que vamos a tener que escribir el resto del libro para resolverlo, ¿no?

Matt
Así es. Y yo me decanto por Messi.

Seth
Pues yo defenderé a Ronaldo y dejaremos que el lector decida.

Matt
Por fin estamos de acuerdo en algo…

La verdad es que este tema de discusión es bastante común entre aficionados e incluso entre los propios jugadores de fútbol. Por eso, este libro pretende ayudar a dilucidarlo. Haremos una minuciosa comparativa entre Messi y Ronaldo, enfrentándolos cara a cara a partir de una serie de cualidades. Veamos con más detalle las categorías en cuestión…

¿QUÉ CUALIDADES CARACTERIZAN A UN GOAT?

SU CARÁCTER
Analizaremos el aspecto mental del juego: personalidad, mentalidad y liderazgo.

SUS HABILIDADES
Estudiaremos todas las habilidades futbolísticas: físicas, técnicas y tácticas. Y, luego, haremos la pausa de la media parte.

SUS ESTADÍSTICAS
A continuación, analizaremos los números: los goles, las asistencias, los premios individuales y los trofeos en equipo.

SU INCIDENCIA
Por último, analizaremos el panorama general: cómo nuestros GOAT han influido en sus clubes, en sus selecciones y en el deporte rey.

¿Y quién sabe lo que puede pasar en la prórroga? Emocionante, ¿eh? Pero, antes de que empiece el enfrentamiento, es hora de que conozcamos los inicios y las carreras de nuestros GOAT…

LOS ORÍGENES DE LIONEL MESSI

Todo empezó en Rosario, Argentina, con el mejor regalo de cumpleaños de la historia: ¡un balón de fútbol! A pesar de que Leo solo tenía tres años y el balón le llegaba por encima de las rodillas, iba con él a todas partes, pegado a su pequeño pie izquierdo.

A los cinco años, Leo ya regateaba a sus amigos y a sus familiares en los campos de tierra del barrio y marcaba goles a porrillo con el Grandoli, su primer equipo de fútbol. Como sus padres trabajaban duro para mantener a la familia, su abuela Celia era quien solía llevarlo a los entrenamientos y lo animaba desde la banda.

¿Sabías que...? La celebración de gol favorita de Leo (señalar al cielo con ambas manos) es un homenaje a su abuela, tristemente fallecida cuando él solo tenía diez años.

Cuando cumplió siete años, Leo estaba listo para su próximo desafío: jugar en el Newell's Old Boys, el club más importante de Rosario y el equipo favorito de su padre. Leo siguió progresando a pasos agigantados en el Newell's. En los seis años siguientes, marcó casi 500 goles y condujo a su equipo a ganar todos los trofeos posibles. La gente no tardó en llamarle El Pequeño Mago, e incluso El Pequeño Maradona, por Diego Maradona, quien era considerado el mejor futbolista argentino de todos los tiempos (¡más adelante hablaremos de él!). Messi hacía gala de todas las virtudes: velocidad, habilidad, un control increíble del balón, una zurda letal y una implacable voluntad de ganar.

Bueno, Messi tenía todas las virtudes, excepto una muy importante: la altura. A los diez años, Leo era aún tan bajito que sus padres lo llevaron al médico. Resultó que el organismo de Leo no producía suficiente cantidad de hormona de crecimiento. La buena noticia era que había un tratamiento que podía ayudarlo a crecer. Pero, cómo no, también había una mala noticia. El proceso era demasiado costoso para la familia de Leo, y el Newell's tampoco podía ayudarlo a costearlo.

A la familia de Leo se le ocurrió una solución radical: viajar al otro lado del mundo, concretamente a Barcelona (España) para presentarse a uno de los clubes de fútbol más prestigiosos (y ricos) del mundo. Cuando los entrenadores de la academia del Barcelona vieron jugar a Leo, quedaron maravillados por su talento. El director técnico del club estaba tan desesperado por ficharlo que rápidamente garabateó un contrato en una servilleta. ¡Hecho! Leo ya era jugador del Barcelona, y no solo eso, sino que además el club se hizo cargo de los gastos de su costoso tratamiento con hormonas de crecimiento. Toda la familia se trasladó a España para ayudar a Leo a cumplir su sueño.

Cuando Leo llegó por primera vez a La Masía, la academia del Barcelona, con trece años, le costó adaptarse, pero, a medida que crecía (¡y también a lo alto!), su talento futbolístico empezó a brillar con luz propia. A los dieciséis años, ya entrenaba con el primer equipo del Barcelona e impresionaba a todo el mundo, incluso a la superestrella del club, Ronaldinho. «Acabo de entrenar con alguien que va a ser mejor que yo», manifestó el astro brasileño.

En 2004, Leo disputó su primer partido en la liga española con el Barcelona, y se convirtió, con diecisiete años, en el debutante más joven de la historia del club. Siete meses más tarde, se convirtió en el goleador más joven de la historia del Barcelona. Cuando Ronaldinho se subió a Leo a la espalda y lo paseó por el estadio, nació una nueva estrella. Eso fue solo el principio. Desde entonces, Leo fue mejorando, al igual que sus goles.

MOMENTO ESTELAR DE LEO MESSI

BARCELONA 5 | 2 GETAFE

18 DE ABRIL DE 2007

Leo inició la icónica jugada en la banda derecha, todavía en su propio campo, lo que no parecía generar mucho peligro, ¿verdad? Pero estamos hablando de El Pequeño Mago… En un abrir y cerrar de ojos, Leo regateó a varios rivales. Cuando ya se aproximaba al área del Getafe, le salieron al cruce dos nuevos rivales, pero, con dos rápidos toques de balón y una bonita finta, logró superarlos. ¿Había llegado el momento de disparar a puerta? No, Leo decidió regatear también al portero, antes de chutar a portería vacía con el pie derecho.

Guau, ¡qué golazo! Nadie había visto algo así desde que el mismísimo Maradona ejecutara una jugada parecida en el famoso encuentro contra Inglaterra de la Copa Mundial de 1986. Messi estaba decidido a demostrar su enorme valía. Y el resto es historia del fútbol…

CRONOLOGÍA DE LA CARRERA DE MESSI

- 2009 Con Pep Guardiola como nuevo entrenador, Leo gana el triplete con el Barcelona: la liga española, la Copa del Rey y la Liga de Campeones. Además, se impone por primera vez en el Balón de Oro (uno de los premios individuales más prestigiosos del fútbol).

- 2011 Leo ayuda al Barcelona a ganar de nuevo la Liga de Campeones.

- 2012 Marca 91 goles en un solo año, un récord estratosférico que difícilmente nadie logrará batir.

- 2014 Messi se convierte en el máximo goleador histórico del Barcelona y de la liga española.

- 2015 Gana un segundo triplete con el Barcelona.

- 2017 Leo marca su gol número 500 con el Barcelona, un tanto en el último minuto contra el Real Madrid de Ronaldo.

- 2018 Leo se convierte en el segundo jugador en alcanzar los 100 goles en la Liga de Campeones. (¿Y el primero? Sí, lo has adivinado… ¡Cristiano Ronaldo!).

- 2021 Tras 21 años en el Barcelona, Leo se marcha al PSG francés. Ese mismo año gana la Copa América con Argentina.

- 2022 Leo gana el primero de los dos títulos de la liga francesa que conseguiría con el PSG. Ese mismo año se coronó campeón del mundo con Argentina en Catar.

- 2023 Messi emprende una última e increíble aventura futbolística: viaja a Estados Unidos para jugar en el Inter Miami.

LOS ORÍGENES DE CRISTIANO RONALDO

Cuando Cristiano nació en la isla portuguesa de Madeira, el médico les dijo a sus padres, María Dolores y José Dinis: «¡Con lo que ha pesado, podría llegar a ser futbolista!». Durante su infancia, los padres de Cristiano solían pasar muchas horas fuera de casa trabajando para mantener a la familia. Ronaldo tenía mucho tiempo libre para hacer lo que quisiera, y lo que más deseaba era jugar al fútbol.

Pateaba todo lo que se le ponía por delante, desde balones, a piedras o trozos de fruta. No dejaba de entrenar y practicar, con el pie derecho, con la zurda, movimientos, regates... Pero, sobre todo, jugaba sin parar en las calles de Funchal, su ciudad natal.

A Cristiano le encantaba marcar goles, pero, sobre todo, le encantaba ganar. Era tan mal perdedor que sus amigos le apodaban Llorón. A los seis años, Ronaldo ya era el niño más competitivo de Funchal. Dos años después, su padre decidió que era hora de que su hijo empezara a jugar en uno de los equipos de Madeira: el Andorinha.

En este pequeño club, Ronaldo tuvo que aprender mucho sobre tácticas y trabajo en equipo, pero, una vez que se hubo asentado, empezó a destacar. Tras unos años increíbles, Cristiano fichó por el Nacional, uno de los clubes más laureados de Madeira. Luego, a los doce años, se le presentó una nueva oportunidad para seguir creciendo: el Sporting Club de Portugal, uno de los equipos de fútbol más prestigiosos de Portugal.

Cristiano, al igual que Leo, dejó atrás la vida tranquila de la isla por el caos de la capital portuguesa para perseguir su sueño futbolístico. Sin embargo, Cristiano no contó con el apoyo de su familia, que tuvo que quedarse trabajando en Funchal. La joven promesa no lo pasó muy bien al principio, pero, gracias al apoyo de sus entrenadores y a las llamadas telefónicas de su familia, siguió centrado en su sueño de convertirse en futbolista profesional.

¿Sabías que...? Cristiano solía pasar tanto tiempo en el gimnasio de la academia del Sporting Club de Portugal que los entrenadores pusieron un candado en la puerta. Pero ni siquiera eso lo detuvo; pasó a entrenarse con cubos de agua como pesas e incluso a ejercitarse en la ducha.

Cuando Ronaldo cumplió quince años, recibió una noticia que pudo truncar sus sueños. Uno de sus médicos descubrió que tenía un problema en el corazón. ¿Supuso el final de su carrera futbolística? ¡No! Ronaldo se negó a renunciar a su sueño. Se operó y volvió a entrenar en un tiempo récord.

A los diecisiete años, ya era titular en el primer equipo. Su meteórica progresión llamó la atención de muchos de los grandes clubes europeos. Se rumoreaba que el Manchester United, campeón de la Premier League, buscaba un nuevo extremo eléctrico para sustituir a David Beckham. El mítico entrenador del United, sir Alex Ferguson, pensó que Cristiano podía ser el recambio adecuado. Pero primero querían verlo en acción, así que el United viajó a Portugal para jugar un amistoso de pretemporada.

Esa era exactamente la oportunidad que Ronaldo había estado esperando, pero ¿cómo le iría al joven jugador bajo una presión tan grande?

MOMENTO ESTELAR DE CRISTIANO RONALDO

SPORTING CLUB DE PORTUGAL
3 | 1
MANCHESTER UNITED

7 DE AGOSTO DE 2003

Cristiano saltó al campo decidido a ofrecer una actuación memorable contra su posible nuevo equipo. El lateral izquierdo del United, John O'Shea, no supo cómo pararlo… y no fue el único. Cristiano puso en jaque a toda la defensa, haciendo gala de sus múltiples regates. Fue el artífice de la asistencia del primer gol del Sporting con un pase inteligente, y estaba claro que el joven prodigio de dieciocho años no había hecho más que empezar… Al finalizar el encuentro, Ferguson ya había cerrado el trato. El joven genio de Madeira puso rumbo al Manchester United por algo más de 14 millones de euros.

Y el resto es historia del fútbol…

CRONOLOGÍA DE LA CARRERA DE RONALDO

- 2004 Cristiano gana su primer trofeo con el Manchester United, la FA Cup. Anota un tanto en la final.

- 2008 Ronaldo gana el doblete con el Manchester United: la Premier League y la Liga de Campeones. También gana el Balón de Oro por primera vez.

- 2009 Cristiano ficha por el Real Madrid por 94 millones de euros, protagonizando el traspaso más costoso de la historia.

- 2011 Marca el gol de la victoria del Real Madrid en la final de la Copa del Rey contra... ¡el Barcelona de Messi!

- 2014 Cristiano vuelve a ganar la Liga de Campeones, marcando 17 goles en la competición, cifra récord en una sola temporada.

- 2016 Ronaldo lleva a Portugal a la gloria en la EURO 2016.

- 2017 Cristiano levanta el trofeo de la Liga de Campeones por cuarta vez, marcando dos goles en la final contra la Juventus.

- 2018 Cristiano ficha por la Juventus, donde gana dos ligas italianas y se convierte en el primer jugador en alcanzar 100 goles en la Liga de Campeones.

- 2021 Logra su tanto número 110 con Portugal, convirtiéndose en el máximo goleador de la historia del fútbol internacional masculino.

- 2022 Cristiano regresa al Manchester United y bate el récord histórico de goles en partidos oficiales de la FIFA.

- 2023 Ronaldo emprende su última e increíble aventura futbolística: se traslada a Arabia Saudí para jugar en el Al-Nassr.

Bien, ahora que ya conocemos un poco mejor a nuestros protagonistas, ¡es hora de que empiece la contienda! Pero recuerda: esto no va a ser una confrontación bronca, del tipo «¡yo tengo razón y tú no!», «¡no tienes ni idea!». No, no, no. ¡Nada de peleas! En lugar de eso, vamos a debatir sobre los GOAT con calma y detenimiento, como dos buenos aficionados al fútbol, presentando los mejores argumentos a favor de ambos jugadores. De lo contrario, nos convertiríamos en dos forofos discutiendo a gritos, y eso no tiene ninguna gracia, ¿verdad?

Matt
Sobre todo, juego limpio, ¡sin que nadie tenga que besar el barro!

Seth
Exacto, pensar menos en «buuu» y más en «¡bum!».

Matt
Aunque, para discutir, hay que bajar al barro…

Seth
Eso último estuvo bastante bien, Matt… viniendo de ti.

Matt
¡¿Qué se supone que significa eso?!

Empezaremos por el carácter…

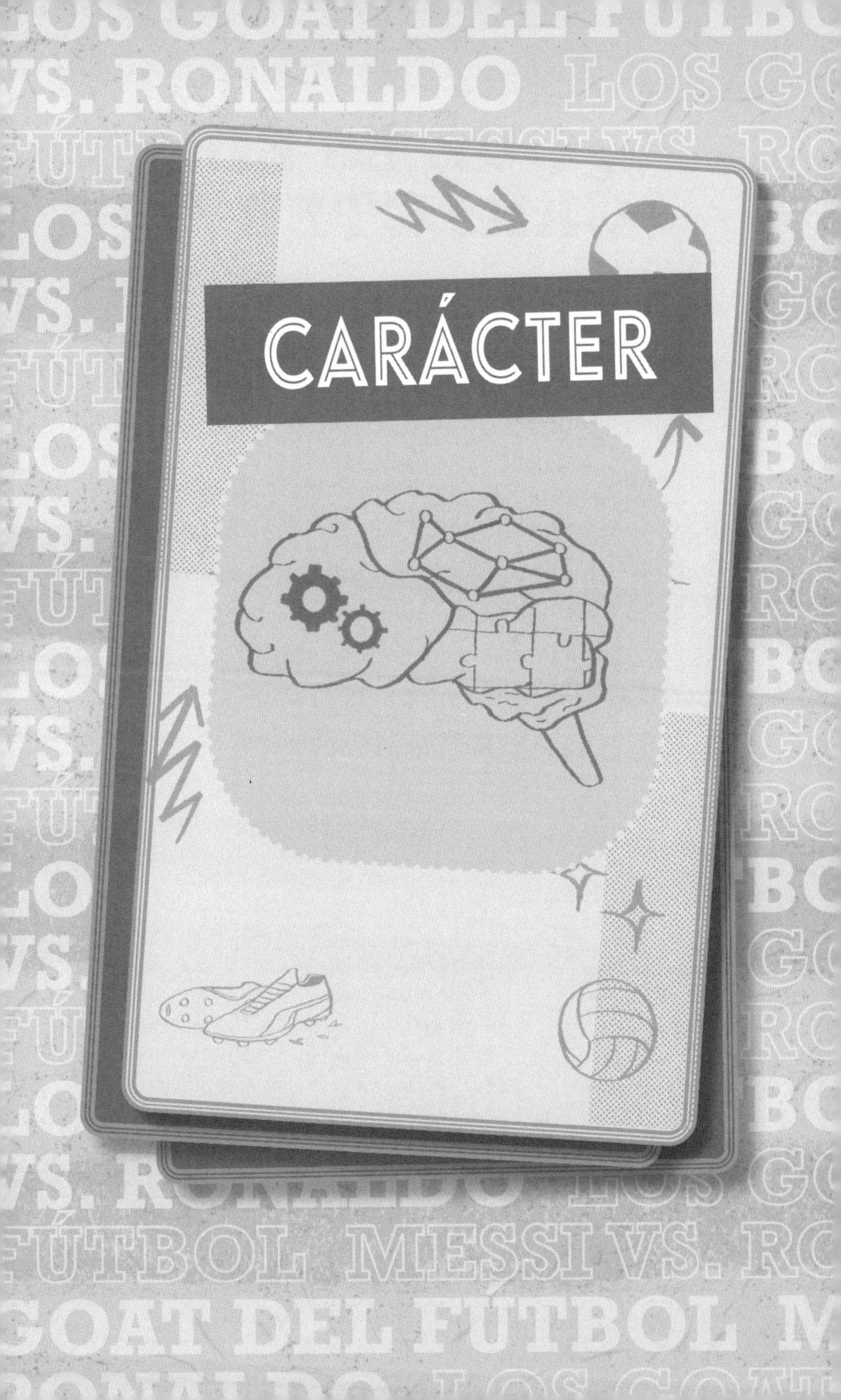
CARÁCTER

¿QUÉ ES EL CARÁCTER?

No te preocupes, más adelante analizaremos a fondo todas las habilidades de Messi y Ronaldo, pero antes vamos a analizar su carácter, un aspecto crucial para convertirse en futbolista profesional.

No importa lo rápido que seas o lo bien que chutes a puerta si no puedes rendir bajo presión. Y ser un futbolista de élite implica saber soportar la presión. Algunos entrenadores dan más importancia al carácter que a la técnica. Aunque seas tan habilidoso como Messi y Ronaldo, necesitas un carácter de supercampeón para convertirte en un GOAT.

En esta sección, trataremos…

LA PERSONALIDAD
Veremos cómo Ronaldo y Messi sacan lo mejor de sus respectivas personalidades.

LA MENTALIDAD
Estudiaremos sus mentalidades (formas de pensar) y cómo han ido superando todos los retos a lo largo de sus carreras.

EL LIDERAZGO
Terminaremos analizando cómo ejercen el liderazgo e inspiran a las personas que los rodean.

PERSONALIDAD

Ronaldo y Messi tienen personalidades muy diferentes. Uno es extrovertido y seguro de sí mismo; el otro es tímido y humilde. Uno muestra sus emociones y el otro las oculta. A uno le encantan los titulares y el otro odia que hablen de él. ¿Adivinas quién es quién?

CRISTIANO RONALDO

Sabemos muchas cosas de Ronaldo. Sabemos que sigue una dieta personalizada, que viste con elegancia y que suele llevar un peinado impoluto. No tiene tatuajes y es famoso por pasar el mayor tiempo posible entrenando.

Y, por supuesto, todo el mundo conoce su icónica celebración con un «¡siuuu!», en la que salta por los aires y extiende los brazos. Pero ¿qué nos dice todo esto sobre su personalidad?

TIENE MUCHA CONFIANZA EN SÍ MISMO

No hay duda: Cristiano Ronaldo ama a Cristiano Ronaldo. A esta estrella le encanta ser el centro de atención. Estamos hablando de alguien que, en 2017, después de ganar su quinto Balón de Oro, dijo: «No he conocido a nadie mejor que yo. Nunca lo he dudado. Ningún futbolista puede hacer las cosas que yo hago».

QUÉ DICEN SUS CRÍTICOS

Cuando eres arrogante, estimas que ya eres lo mejor que puedes ser. En cambio, las personas seguras de sí mismas saben que pueden seguir mejorando si piden ayuda.

A Cristiano Ronaldo no se le han caído los anillos por pedir ayuda cada vez que lo ha necesitado a lo largo de su carrera. Para progresar, no ha dudado en solicitar ayuda profesional a psicólogos o a nutricionistas.

La confianza y seguridad en sí mismo que siempre le han caracterizado le han permitido innovar constantemente y superar los límites de lo que significa ser un GOAT del fútbol.

ES MUY PROFESIONAL

Ronaldo es consciente de que, para ser el mejor futbolista del mundo, tiene que trabajar más duro que cualquier otro futbolista (y, en especial, que Messi). Por eso, normalmente suele ser el primero en llegar al entrenamiento y el último en marcharse, y dedica un tiempo extra a practicar lanzamientos de falta, regates y remates.

En su vida cotidiana, Ronaldo cuida su cuerpo con minuciosidad. Su dieta se basa en alimentos saludables preparados por un chef personal para recobrar la energía, se da baños de hielo para recuperar sus músculos, trabaja con su entrenador personal para mejorar su fuerza y consulta a su médico para asegurarse de que su cuerpo está en perfecto estado. Incluso ahora que es una superestrella veterana, Ronaldo sigue entrenando más duro que nadie.

ES MUY AUTOEXIGENTE

Cristiano está obsesionado con anotar goles. Aunque su equipo gane el partido, no suele mostrarse satisfecho si no ha logrado marcar. Por eso, a veces es tachado de ser demasiado individualista.

Es cierto que a Ronaldo le motivan los logros individuales, pero también sabe que, para ganar grandes trofeos, hay que trabajar en equipo. A lo largo de su carrera, ha inspirado a muchos de sus compañeros de equipo gracias a su implacable sed de victoria. «Nunca ha querido bajar el listón», declaró Mike Phelan, entrenador asistente del Manchester United, después de que Ronaldo fichara por el club por segunda vez en 2022. «Al contrario, quería que sus compañeros de equipo subieran su nivel».

Así que sí, Ronaldo es un poco individualista. Pero, sin duda, sabe que, para ser el mejor, también necesita la ayuda de sus compañeros de equipo.

LIONEL MESSI

¿Y qué sabemos de Messi? Sabemos que una vez llevó un traje con lentejuelas en la ceremonia del Balón de Oro. También, que luce muchos tatuajes, entre ellos:

Aparte de eso, ¡poco más sabemos de Messi! A pesar de ser una superestrella del fútbol, el astro argentino prefiere mantenerse alejado de los focos mediáticos.

ES TÍMIDO

Cuando era un joven jugador del Barcelona, Messi era tan tímido que solía cambiarse en el pasillo en lugar de en el vestuario. Quería convertirse en el mejor jugador del mundo, pero ¿y la fama que eso conlleva? ¡No, gracias! Tras marcar su primer gol con el Barcelona, Messi le dijo a un amigo: «Odio que hablen de mí. Me gustaría pasar más desapercibido». Messi nunca vio cumplido su deseo…

Ser tímido o reservado puede llegar a ser un problema para un futbolista, pero no lo fue para Messi. Eso es porque el único lugar donde Messi no es tímido es ¡en el campo de fútbol! Este GOAT del fútbol pide el balón en zonas difíciles, se abre paso entre los defensas y no duda en intentar jugadas arriesgadas. Puede que Messi no sea el jugador más hablador en un terreno de juego, pero hay muchas maneras de comunicarse como futbolista. Messi pasa mucho tiempo escuchando a sus compañeros y también usa un lenguaje corporal muy explícito durante los partidos.

ES TRANQUILO

Independientemente de lo que ocurra a su alrededor, Messi suele controlar sus emociones. Incluso cuando los defensas le dan una patada, no suele responder porque sabe que enfadarse no le ayudará a rendir al máximo. Cuando marca un gol increíble, también suele mantener la calma y sonreír. «Siempre intento estar lo más tranquilo y relajado posible cuando salgo al campo», manifestó Messi en una ocasión. «Cuando noto la hierba bajo mis pies, me siento seguro, porque jugar al fútbol es lo que más me gusta».

Al igual que Ronaldo, Messi confía plenamente en sus posibilidades. Esa confianza le permite rendir bajo presión y marcar goles alucinantes.

ES COMPETITIVO

Puede que Messi haya declarado: «Me preocupa más ser una buena persona que ser el mejor futbolista del mundo». Pero no te dejes engañar; cuando se disputa un partido, Messi es un ganador implacable que nunca está satisfecho.

QUÉ DICEN SUS CRÍTICOS

«Messi nunca ha tenido que esforzarse mucho. Su talento futbolístico es innato».

¡ERROR!

«Messi era muy competitivo en los entrenamientos. Siempre quería ganar», comentó Maso, futbolista de su misma generación con el que coincidió en La Masía, la academia del Barcelona. Y eso no ha cambiado en absoluto.

El excapitán del Barcelona B, Arnau Riera, recuerda a Messi llorando un día después de una contundente derrota por 4-1 ante el Zaragoza B. «Eso me sorprendió, porque no pensé que perder le afectara tanto», sentenció Arnau. Puede que Messi tenga un enorme talento natural, pero son su dedicación y su naturaleza competitiva las que lo impulsan a intentar convertirse en el mejor jugador posible.

Las faltas, los penaltis, los disparos, los pases y los regates requieren muchas horas de entrenamiento, ¡aunque seas Lionel Messi! Y los mejores futbolistas nunca dejan de practicar. Cuando Messi marcó su primer gol con el primer equipo del Barcelona en 2004 y el mundo del fútbol enloqueció, respondió con calma: «Empiezo a entrenar temprano y me quedo hasta tarde, día tras día, año tras año. He tardado 17 años y 114 días en alcanzar el éxito».

¿QUIÉN GANA?

Confiado frente a tranquilo. Impulsivo frente a calmado. Ronaldo y Messi tienen personalidades muy diferentes, pero ¡eso no significa que una sea mejor que otra! Lo más importante es que ambos jugadores han encontrado la manera de sacar lo mejor de sí mismos.

Curiosamente, nuestros GOAT también tienen muchas cosas en común. De hecho, su **mentalidad** es muy parecida. Veámoslo a continuación.

MENTALIDAD

La mentalidad de una persona es su forma de pensar y su actitud ante la vida. Una mentalidad positiva es especialmente importante cuando las cosas no salen según lo previsto.

QUÉ DICEN SUS CRÍTICOS

«¡Messi y Ronaldo lo han tenido muy fácil! Son triunfadores natos, ¡y todo les ha ido de cara!».

¡ERROR!

Nuestros GOAT no siempre han disfrutado del éxito. De hecho, ambos han tenido que hacer frente a muchos momentos críticos durante sus carreras. Les han dicho que no eran lo bastante buenos, han sido abucheados por su propia afición, han fallado penaltis decisivos e incluso han fracasado en grandes finales. Pero lo que engrandece a Messi y a Ronaldo es precisamente que han sido capaces de superar esos obstáculos. Ambos tienen una mentalidad positiva que les permite seguir adelante cuando las cosas se ponen complicadas.

Al inicio de sus carreras, Messi y Ronaldo tuvieron que aprender a hacer frente a los retos.

Tener que abandonar su hogar siendo tan jóvenes debió de ser complicado, pero ambos estaban decididos a perseguir sus sueños. Ronaldo no se rindió ni cuando lo estaba pasando mal en la academia del Sporting Club de Portugal. Repetía las mismas palabras a todos los que le rodeaban: «Voy a convertirme en el mejor futbolista del mundo». Estas superestrellas del fútbol nunca están satisfechas. «Nunca vi a un jugador tan exigente consigo mismo», manifestó Tito Vilanova, quien entrenó a Messi en el Barcelona. «A veces jugaba un partido fantástico, pero, a pesar de eso, abandonaba el campo enfadado consigo mismo porque pensaba que podía haberlo hecho aún mejor».

A medida que se convertían en los mejores futbolistas del mundo, también comenzaban a motivarse el uno al otro. Si Ronaldo conseguía un *hat-trick* una semana, Messi lograba marcar cuatro tantos en el partido siguiente. Si Messi regateaba a tres defensas, Ronaldo quería deshacerse de cuatro. Gracias a semejante rivalidad, ambos jugadores se empujaban mutuamente a seguir mejorando y a convertirse en el mejor jugador posible.

Messi y Ronaldo han tenido que superar muchos obstáculos. Veamos algunos de estos ejemplos de superación gracias a su mentalidad positiva…

LIONEL MESSI: DE LA DECEPCIÓN POR FALLAR UN PENALTI A LA ALEGRÍA MUNDIALISTA

Final de la Copa América 2016. Se enfrentan Argentina y Chile. Messi está a punto de lanzar un penalti que podría poner fin a 23 años de decepciones.

Argentina ha quedado subcampeona en tres de las cuatro últimas ediciones de la Copa América, y también en el último Mundial. Pero Messi tiene ahora la oportunidad de llevar a la victoria final a Argentina. Messi se acerca y… ¡Oh, no, su disparo sale por encima del larguero! ¡Qué desastre! Tras el partido, Messi lloró desconsolado. Argentina confiaba en él para ganar un trofeo, como había hecho su máximo ídolo de todos los tiempos, Diego Maradona, en el Mundial de 1986. Pero, por cuarta vez, el equipo de Messi había tropezado en el último obstáculo. «Es un vago. No es más que humo. No es Maradona», bramaban los hinchas.

UNA CONMOCIÓN PARA EL MUNDO DEL FÚTBOL

Tras el partido, Messi hizo un anuncio: «Ansiaba la victoria con

todas mis fuerzas, pero no pude conseguirla. Así que creo que se acabó». ¿Cómo? ¿Qué? ¿Cómo era posible que Lionel Messi se retirara de la selección?

Sin embargo, cuando recapacitó con más calma, se dio cuenta de que dejar la selección no era lo correcto. Sí, había sufrido muchos reveses con Argentina, pero le encantaba jugar con su país. Y el hecho de que Argentina hubiera perdido tantas finales no significaba que no pudiera volver a ganar una en el futuro…

Messi estaba decidido a ganar un trofeo con su selección, y dos años después se le presentó la oportunidad de disputar la Copa Mundial 2018. Aunque Argentina cayó ante Francia en octavos de final, el rendimiento del equipo estaba mejorando. Por fin, en la Copa América 2021, el duro trabajo de Messi dio sus frutos. Argentina venció a Brasil en la final y levantó el trofeo. ¿Y quién ganó el Balón de Oro y el premio al mejor jugador del torneo (con cuatro goles y cinco asistencias)? Lo has adivinado: ¡Messi!

Cuando Argentina llegó a la Copa Mundial 2022, llevaba 36 partidos invicta.

¿PODRÍA SER ESTE EL TORNEO DE ARGENTINA?

Messi estaba desatado, desplegando el fútbol más increíble de su carrera:

- Marcó el primer gol y dio la asistencia del segundo en la victoria de Argentina sobre México en la fase de grupos.
- En octavos de final, le hizo un caño estratosférico a un defensa australiano y sorteó al portero para anotar.
- En cuartos de final, dio la asistencia de gol a Nahuel Molina con un pase sublime que rompió a la defensa.
- En semifinales, se zafó del croata Joško Gvardiol y cedió atrás para que Julián Álvarez marcara.

LO MEJOR ESTABA POR LLEGAR

Messi reservó su mejor actuación para la final contra Francia. Marcó un penalti, al que siguió rápidamente un soberbio tanto de Di María. Era el 2-0 para Argentina. Las cosas pintaban muy bien para el equipo de Messi.

Pero, cuando parecía que el partido estaba finiquitado, el francés Kylian Mbappé anotó dos tantos y empató el encuentro. La pregunta era: ¿soportaría Messi semejante presión?

En la tanda de penaltis, Messi decidió ser el primero en lanzar por Argentina y... ¡MARCÓ! Seis penaltis después, todo había terminado.... ¡Argentina era la nueva campeona del mundo!

Si Messi hubiera sucumbido ante sus críticos en 2016, no habría vuelto a disputar un partido internacional. En lugar de eso, recuperó su confianza y demostró a los argentinos que era tan bueno como Diego Maradona, o incluso mejor. ■

CRISTIANO RONALDO: DE VILLANO A HÉROE

Año 2006. Cristiano Ronaldo es una estrella emergente en el Manchester United, pero también es el futbolista más odiado de Inglaterra.

¿Por qué? ¡Por guiñar el ojo! 😉 Inglaterra se enfrentó a Portugal en los cuartos de final de la Copa Mundial de 2006. Con el marcador 0-0, el inglés Wayne Rooney pisó al portugués Ricardo Carvalho. Liderados por Ronaldo, los jugadores portugueses se abalanzaron sobre el árbitro y le pidieron la tarjeta roja. «¡Ni siquiera le ha tocado, árbitro!», argumentaron los jugadores ingleses. Pero el árbitro le mostró la tarjeta roja a Rooney, y, mientras su compañero del Manchester United abandonaba el campo, las cámaras de televisión enfocaron a Ronaldo, quien guiñó un ojo.

LA GOTA QUE COLMÓ EL VASO

Ese guiño fue la gota que colmó el vaso para los decepcionados aficionados ingleses. Después del partido, los periódicos británicos publicaron furibundos titulares contra Ronaldo, como por ejemplo: «¡No dejéis entrar más a este hombre en nuestro país!». Ronaldo se había convertido en el enemigo público número uno, justo antes del inicio de la Premier League.

«Cuando regresé a Inglaterra, estaba un poco asustado. No por Rooney, sino por la afición inglesa», dijo Ronaldo más tarde.

Al principio, cada vez que tocaba el balón, Ronaldo era abucheado, ¡incluso por sus propios seguidores del Manchester United! Ante una situación tan tensa, muchos jugadores habrían optado por esconderse, pero Cristiano no. «Nunca tendrá miedo de demostrar su habilidad, porque tiene un gran coraje», dijo sir Alex Ferguson, entrenador del Manchester United.

Y tenía razón: Ronaldo se tomó la situación como otro reto. «No es agradable que te abucheen en todos los estadios, pero siempre se puede sacar algo positivo. Te hace más fuerte psicológicamente», declaró Ronaldo más tarde.

Ronaldo intentó aislarse de los abucheos y se centró en mejorar como futbolista. Esa misma temporada, anotó 23 goles, frente a los 11 goles que había marcado la temporada anterior. En poco tiempo, los abucheos del público fueron sustituidos por vítores. Ronaldo se había ganado el respeto del público, y eso no era todo. Con Wayne Rooney a su lado en ataque, el Manchester United no tardó en levantar el título de la Premier League.

El villano se había convertido en un héroe. ■

¿QUIÉN GANA?

Estas han sido dos de las muchas historias que demuestran la fortaleza mental de Messi y de Ronaldo. Sus personalidades pueden ser totalmente opuestas, pero sus mentalidades son increíblemente similares. Ninguno de los dos descansará hasta lograr la mejor versión de sí mismo, lo que a menudo inspira a los jugadores que les rodean a imitarlos. Esto nos lleva a hablar del **liderazgo**.

LIDERAZGO

Ser capaz de liderar e inspirar a los demás es una cualidad esencial cuando se aspira a ser el GOAT. Cuanto más unidos y motivados estén tus compañeros, más probabilidades hay de que jueguen bien.

Aunque Messi y Ronaldo son jugadores con un fuerte carácter, el liderazgo no es probablemente la primera cualidad que viene a la mente cuando se piensa en ellos. De hecho, algunos aficionados al fútbol piensan que ambos desplegaron su mejor juego cuando compañeros de equipo como Carles Puyol o Sergio Ramos llevaban el brazalete de capitán. Podría decirse que Puyol y Ramos eran los más adecuados para lucir el brazalete en aquel momento: tenían más autoridad, eran más desinteresados y se comunicaban mejor con sus compañeros.

Pero, a medida que Messi y Ronaldo adquirían experiencia, su influencia aumentaba. En poco tiempo, asumieron el brazalete de sus selecciones nacionales. Ronaldo en 2008 (con veintitrés años) y Messi en 2011 (con veinticuatro). ¿Se convirtieron en líderes fantásticos? No de forma inmediata, pero, como ya hemos visto en esta sección, estos GOAT del fútbol creen que siempre pueden mejorar.

LIONEL MESSI

QUÉ DICEN SUS CRÍTICOS

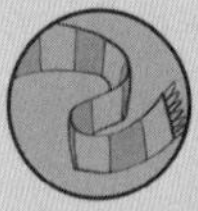

«Messi nunca será un líder... Tiene miedo».
Diego Maradona, leyenda y excapitán de Argentina, 2011

¡ERROR!

Es un error común pensar que todos los capitanes tienen que ser estridentes y mandar a sus compañeros. En realidad, hay muchas maneras diferentes de liderar con eficacia. En el caso de Messi, a menudo predica con el ejemplo, exigiendo el balón e inspirando a los demás con sus increíbles habilidades.
Sin embargo, las críticas recibidas tras una mala racha de resultados con Argentina en 2011 hicieron que Messi buscara formas de mejorar como líder. La comunicación, decidió, era la clave.

Protagonizar la charla motivacional previa al partido no le resultó fácil a Messi, pero, cuanto más lo hacía, más fácil le resultaba expresar sus emociones. Y durante la final de la Copa América 2021, Messi vio recompensada su capacidad de liderazgo. En su charla previa al partido, Messi «se desató», según su compañero Ángel Di María. El pequeño y tímido jugador se transformó en un líder apasionado e inspirador que llevó a su equipo a la victoria. Como ya es sabido, fue esta final la que supuso la victoria de Argentina en un gran torneo tras años de espera. Cuando sonó el pitido final, todos los jugadores corrieron hacia su líder para celebrarlo. ¡Pero Messi aún no había acabado con su labor!

Tras la sorprendente derrota ante Arabia Saudí en el partido inaugural del Mundial 2022, Argentina necesitaba más que nunca a un líder. Para subir el ánimo, Messi convocó a su equipo y les prometió que, si trabajaban duro, se clasificarían. Luego, se dirigió directamente a los aficionados argentinos: «Creed en nosotros. No os defraudaremos». ¡Trato hecho! Los hinchas apoyaron a su equipo, y Argentina no les defraudó. De repente, Messi estaba en la mejor forma de su vida, protagonizando momentos decisivos y comandando a Argentina hacia la final.

Cuando la final llegó a la tanda de penaltis, Argentina necesitaba que alguien diera un paso al frente. Los líderes no pueden esconderse en situaciones de tanta presión, y Messi no lo hizo. Lanzó el primer penalti: **¡gol!**

Puede que Messi no sea un orador nato, pero sus actos demuestran que hay muchas maneras de ser un gran líder.

CRISTIANO RONALDO

Como Messi, Ronaldo también es un capitán que prefiere predicar con el ejemplo sobre el terreno de juego. En una ocasión, sin embargo, se vio obligado a adaptarse y a convertirse en líder desde la banda...

En 2016, Portugal llegó a la final de la EURO, donde se enfrentó a Francia, anfitriona y favorita del torneo. Ronaldo sabía que su equipo confiaba en él para ser su superestrella, pero, a los 10 minutos de juego, aconteció el desastre. ¡CRAC! Una entrada de Dimitri Payet le hizo rodar por el césped. Ronaldo intentó seguir jugando, pero, a los 23 minutos, tuvo que abandonar el campo en camilla. ¿Cómo se las arreglaría Portugal sin su líder? En el vestuario, Ronaldo no paraba de llorar. Deseaba con desesperación ganar el trofeo para su país, y ya no podía. ¿O sí?

De repente, Ronaldo se dio cuenta de que aún podía ayudar. En el descanso, dijo a sus compañeros: «Estoy seguro de que ganaremos, así que manteneos unidos y luchad por ello». Luego, al empezar la segunda parte, se puso al lado de su entrenador, dando instrucciones como si fuera un técnico más.

En el minuto 79, el delantero suplente de Portugal, Eder, saltó al campo con un inspirador mensaje de Ronaldo resonando en su mente: «Vas a marcar». Y eso fue lo que ocurrió. En el minuto 109, Eder conectó un cañonazo que se coló en la portería francesa. ¡0-1!

Ronaldo se puso a correr por la banda. Le dolía la rodilla, pero no le importaba. Cuando sonó el pitido final, fue el primero en saltar a celebrarlo. Juntos lo habían conseguido: ¡eran los campeones de Europa! Después de aquella devastadora lesión, habría sido fácil para Ronaldo sentarse y enfurruñarse: le encantaba ser el protagonista. Pero, como todos los grandes líderes, se dio cuenta de que el equipo era más importante que él. Con su estrella animándolos desde la banda, Portugal jugó con más ganas y fe.

¿QUIÉN GANA?

Puede que el liderazgo no sea lo primero que te venga a la mente cuando piensas en Messi o en Ronaldo, pero eso no significa que no sea uno de sus puntos fuertes. Aunque al principio no fueran capitanes natos, tras años de duro trabajo, cada uno se ha convertido en un líder inspirador a su manera.

DECIDAMOS ENTONCES... ¿QUIÉN ES EL GOAT CON MÁS CARÁCTER?

En este primer apartado, hemos analizado cómo son nuestros GOAT como personas, jugadores y líderes. Matt se decanta por Messi.

LOS ARGUMENTOS DE MATT A FAVOR DE MESSI

Todos sabemos que Messi nació con un don especial, pero hace falta algo más que talento para convertirse en el mejor futbolista del mundo y mantenerse como tal durante más de 10 años. Que se lo pregunten a Ronaldinho o Allan Simonsen… (¿a quién?). Se necesita una enorme dedicación y determinación, y, por lo que se refiere al carácter, Messi es el maestro absoluto de ambas.

En primer lugar, hablemos de dedicación. Entre bastidores y detrás de esa personalidad tímida, Messi es un increíble profesional, que trabaja duro cada día para mejorar. Ese tiro libre contra el Liverpool en la Liga de Campeones 2018-19, ese regate para superar a Joško Gvardiol en la Copa Mundial 2022… Todas esas habilidades requieren horas de entrenamiento, incluso aunque te llames Lionel Messi.

Lo siguiente: determinación. Gracias a formar parte del exitoso equipo del Barcelona de Pep Guardiola, Messi no ha tenido que lidiar con demasiadas decepciones a lo largo de su carrera, pero con Argentina se ha visto obligado a manejar la presión como ningún otro jugador. O, si no, imagina la presión de tener que ser «el próximo Maradona», o de que esperen de ti que consigas el trofeo de la Copa Mundial para tu país. No es de extrañar que, durante años, la carrera internacional de Messi fuera una historia de fracasos, pero, tras decidir abandonar su selección en 2016, no tardó en regresar con más determinación que nunca.

En la Copa Mundial 2022, Messi era el mismo jugador increíble, pero demostró un nuevo liderazgo, con mucha más personalidad y pasión. Y funcionó: ¡por fin ganó el trofeo para Argentina!

Así que déjame que te haga la cuenta:
talento + dedicación + determinación + liderazgo =
¡Messi es el GOAT del fútbol!

LOS ARGUMENTOS DE SETH A FAVOR DE RONALDO

Ronaldo no solo quiere ser el mejor futbolista de todos los tiempos. Quiere ser perfecto. Pero ser perfecto no resulta nada fácil. La vida de un futbolista profesional pone a prueba hasta el carácter más fuerte. Por ejemplo, tener que alejarte de toda tu familia para vivir en una ciudad extraña, o que toda Inglaterra te odie solo porque has guiñado un ojo. Pero Ronaldo también es un jugador que se crece bajo presión. Por eso, cuando el público inglés le abucheaba, se centró en su juego y dejó que sus pies hablaran por él. Pronto, ese mismo público no pudo evitar aplaudirle.

Hay una razón por la que Cristiano tiene tanta confianza en sus posibilidades: su enorme compromiso con el fútbol. Aunque haya nacido con un talento innato, ha trabajado duro para conseguir cada uno de sus trofeos. Los litros de sudor se transformaron en dulces éxitos y, pronto, empezó a coleccionar récords y premios.

Por mucho que consiga, Cristiano siempre quiere más. Nunca se conforma con ser segundo y siempre apunta a lo más alto. Una Liga de Campeones no le bastaba; quería cinco. No tenía suficiente con anotar 40 goles en una temporada; ¡quería batir todos los récords goleadores!

Ronaldo hace posible lo imposible. Portugal nunca había ganado un gran trofeo internacional antes de que Cristiano asumiera el brazalete de capitán (¡con solo veintitrés años!). Gracias a su liderazgo, ahora tienen una Liga de Naciones y una EURO. Ronaldo no es solo un monstruo de la mentalidad, es el auténtico GOAT del fútbol.

Matt
¿Un «monstruo de la mentalidad»? En mi opinión, más bien es un «ogro del ego».

Seth
¡¿Y quién te ha preguntado?!

Matt
Podrías haberlo hecho… Estamos escribiendo este libro juntos.

Seth
¡Estoy empezando a arrepentirme, colega!

PUNTUACIONES

	MESSI	RONALDO
PERSONALIDAD	9/10	9/10
MENTALIDAD	9/10	10/10
LIDERAZGO	8/10	8/10
PUNTUACIÓN TOTAL	26/30	27/30

Este es nuestro veredicto, pero ¡la decisión final es tuya! ¿Quién crees que es el GOAT del carácter y por qué?

Mi GOAT del carácter es:

....

HABILIDADES

¿QUÉ SON LAS HABILIDADES?

Además de tener personalidades totalmente distintas, Messi y Ronaldo también muestran habilidades muy diferentes en el campo de fútbol. Uno es superveloz y, el otro, increíblemente ágil. Uno golpea el balón tan fuerte como puede, mientras que el otro lo introduce con finura en la portería. A uno le encanta hacer bicicletas, mientras que el otro prefiere hacer caños.

La palabra «habilidad» suele asociarse con filigranas, pero, en realidad, las habilidades futbolísticas son mucho más que eso. Vamos a dividir esta sección en tres apartados clave:

HABILIDAD FÍSICA
Hablaremos de velocidad, fuerza y potencia.

HABILIDAD TÉCNICA
Analizaremos sus regates, pases y disparos.

HABILIDAD TÁCTICA
Por último, veremos cómo utilizan su astucia táctica para influir en los partidos.

HABILIDAD FÍSICA

Además de un enorme talento, para ser un GOAT del fútbol también es necesario alcanzar una increíble condición física. Como futbolistas profesionales, Messi y Ronaldo saben que necesitan entrenar duro para ser muy fuertes, rápidos y potentes. Necesitan:

- Fuerza para aguantar los envites.
- Velocidad para dejar atrás a los adversarios.
- Potencia para disparar a puerta desde lejos.

CRISTIANO RONALDO

Al principio de su carrera, Ronaldo era un adolescente muy delgado, pero, gracias a su trabajo en el gimnasio, ha logrado transformar su cuerpo. Si nos fijamos en el Ronaldo actual, podemos pensar que es el atleta perfecto: tiene las extremidades largas de un saltador de altura, las piernas musculosas de un velocista y el cuerpo delgado de un corredor de fondo. Pero ¿cuáles son sus mejores cualidades físicas?

ES FUERTE

Cristiano Ronaldo es puro músculo. Utiliza su increíble fuerza para elevarse por encima de sus rivales en los remates de cabeza, superar a los defensas y disparar con una potencia descomunal. En su primera temporada en el Manchester United, Ronaldo ganó el 40 % de los duelos aéreos. Es una marca impresionante, pero Ronaldo siempre busca formas de mejorar. Cristiano aumentó su carga física y, en su segunda temporada en el Manchester United, logró imponerse en el 66 % de sus duelos aéreos.

¿Sabías que...? Los compañeros de Ronaldo en el Real Madrid le apodaban la Máquina.

ES RÁPIDO

Ronaldo es letal a su velocidad máxima y es muy difícil para los defensas atraparlo una vez que acelera. Sí, Ronaldo hace gala de una velocidad endiablada. En el Mundial 2018, la FIFA registró su velocidad máxima en 34 km/h, mientras que Messi solo alcanzó los 32,5 km/h. Ronaldo fue 1,5 km/h más rápido que Messi. Gracias a su velocidad, el astro portugués destaca por lanzar contraataques en un abrir y cerrar de ojos. Cuando su equipo intercepta el balón, sale a toda velocidad sin dar tiempo a sus rivales a pensar ni a organizarse.

ES POTENTE

Cuando combinas velocidad y fuerza, obtienes potencia. Y hay muy pocos futbolistas más potentes que Ronaldo. Es capaz de disparar con su pie derecho a más de 129 km/h. Por si fuera poco, puede saltar a 1,06 metros del suelo, es decir, ¡7 centímetros más que el salto promedio de un jugador profesional de baloncesto!

Y, al realizar un salto, Ronaldo es capaz de mantenerse en el aire unos instantes. Cuando jugaba con la Juventus en 2019, estuvo suspendido en el aire durante un increíble segundo y medio antes de batir al portero de cabeza.

LIONEL MESSI

Messi no es muy alto y tampoco es particularmente musculoso. Su fuerte no es esprintar al máximo como Ronaldo. De hecho, pasa la mayor parte del tiempo caminando. Pero, mientras que la mayor altura y peso de Ronaldo le permiten rendir mejor en algunos aspectos, el físico de Messi le ayuda en otros…

ES ÁGIL

La mayoría de los futbolistas rara vez alcanzan su velocidad máxima durante los partidos: los molestos defensas hacen todo lo posible por interponerse en su camino. Atacantes como Messi y Ronaldo tienen que girar y desmarcarse para marcar. Aquí es donde las aparentes desventajas físicas de Messi se convierten en sus mayores ventajas. La estatura de Messi le proporciona un centro de gravedad bajo, lo que significa que es mucho más ágil (capaz de moverse con rapidez y facilidad) que un futbolista promedio. Mientras que los jugadores más altos, como Ronaldo, tendrían que ir más despacio y dar zancadas más cortas mientras regatean, la altura de Messi le permite sortear a los defensas y acelerar para dejarlos atrás a toda velocidad. El veloz Ronaldo ganaría a Messi en una carrera de 100 metros, pero ¡Messi se impondría con toda seguridad en una prueba de agilidad!

ES SORPRENDENTEMENTE FUERTE

A priori, Lionel Messi no es un referente de jugador con una fuerza destacada. No tiene la musculatura de Ronaldo, no levanta tanto peso ni dispara con tanta potencia.

QUÉ DICEN SUS CRÍTICOS

> «Messi destacó en la liga española, donde el ritmo es más lento y hay más pases, pero en una liga más rápida y física como la Premier League le costaría mucho más».
>
> **¡ERROR!**

Rápido. Frenético. Físico. Hay pocos partidos en el mundo más exigentes que el Clásico (Real Madrid contra Barcelona). El partido más competitivo de la liga española se juega con una intensidad increíble. No es un partido para débiles. Precisamente por eso, Messi dominó tantos partidos contra el Real Madrid.

Puede que el pequeño argentino no sea el atacante más corpulento, pero no necesita serlo. Gracias a su baja estatura, los defensas enseguida descubren que su rival cuenta con una base sorprendentemente fuerte que es casi imposible de batir. Si revisas cualquier partido del Clásico, verás a los jugadores del Real Madrid intentando desesperadamente parar a Messi cuando este los encara a toda velocidad. Es un experto en proteger el balón con el cuerpo, interponiendo los glúteos y las caderas en el camino de los defensas para que se vean obligados a hacerle falta si intentan detenerlo.

TIENE UN GRAN EQUILIBRIO

A la sorprendente fuerza de Messi contribuye su excelente equilibrio. Su baja estatura y su bajo centro de gravedad le permiten desplazarse con facilidad por el campo. Es capaz de girar mientras corre a toda velocidad con una increíble firmeza. Ya sea sorteando defensas o esprintando con el balón, la capacidad de equilibrio de Messi le permite ejecutar impresionantes cambios de ritmo. Un buen ejemplo es su «gol del siglo» contra el Getafe. Messi desplazó el balón de izquierda a derecha sin esfuerzo, manteniendo el equilibrio mientras superaba a los defensas (¡a cinco!), que hicieron todo lo posible por detenerlo. Esquivó tres entradas y no lograron derribarlo a pesar de la intensidad con que lo abordaron. Gracias a su agilidad, fuerza y equilibrio, ¡ningún jugador del Getafe tuvo opción alguna de parar a Messi!

¿QUIÉN GANA?

Ronaldo es, sin duda, más fuerte y potente que Messi. Pero, mientras que Ronaldo puede superar a sus rivales gracias a su potencia, Messi puede girar y esquivarlos. Puede que Ronaldo gane el debate sobre quién tiene mejor condición física, pero Messi es la prueba de que el físico no lo es todo.

HABILIDAD TÉCNICA

Cuando Messi y Ronaldo se hacen con el balón, los aficionados contienen la respiración, los defensas entran en pánico y hacen todo lo que está en su mano para intentar detenerlos. Controlar el balón, pasar, regatear, disparar… Messi y Ronaldo destacan en todo. Pero ¿quién hace gala de una mayor habilidad técnica?

CRISTIANO RONALDO

REGATE

Cuando Ronaldo dio sus primeros pasos en el fútbol profesional, tenía una gama de recursos técnicos tan grande que a veces parecía que estaba a punto de sacar un conejo de sus botas. Desde sombreros a bicicletas, a Ronaldo le encantaba engañar a los defensas. Era famoso por utilizar toques cortos y rápidos para atraer a los defensas, superarlos con un regate y marcharse a toda velocidad. En la temporada 2004-05, Ronaldo realizó una media de 9,55 regates por partido.

Sin embargo, a medida que Ronaldo ha ido madurando, su juego ha variado y se ha centrado mucho más en marcar goles. En 2005, los técnicos del Manchester United tomaron la decisión de ajustar la posición de Cristiano. Lo acercaron más a la portería contraria, donde tenía más posibilidades de disparar. Ronaldo se convirtió en uno de los mejores goleadores del mundo, pero, con este nuevo rol de delantero, no tuvo tanta necesidad de recurrir a sus regates. En su última temporada en la Juventus, su porcentaje de acierto en el regate fue de un increíble 62 %.

PASE

Ronaldo es famoso por su impresionante registro goleador, pero ¡eso no significa que no sea también capaz de dar pases increíbles! Aunque se suele considerar a Messi el maestro del pase, Ronaldo también ha dado asistencias increíbles a lo largo de su carrera:

	RONALDO	MESSI
PASES CLAVE	890	1387
OPORTUNIDADES CLARAS GENERADAS	176	408
ASISTENCIAS	312	439

QUÉ DICEN SUS CRÍTICOS

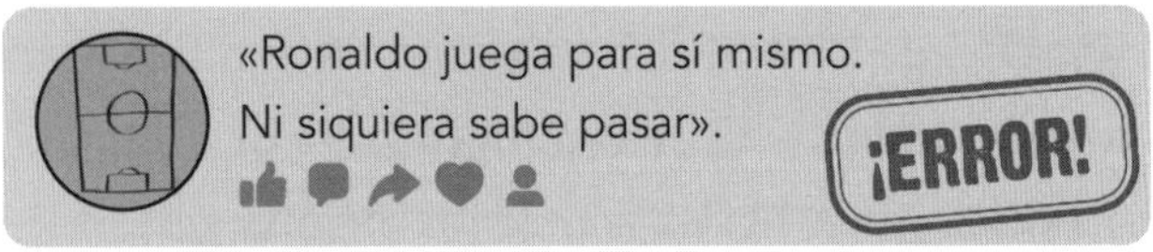

Los números de Ronaldo demuestran que esta afirmación no es cierta. De hecho, algunos de los momentos estelares de Ronaldo han llegado con sus pases. Por ejemplo, la asistencia de tacón a Karim Benzema en la victoria del Real Madrid por 3-0 contra el Granada en 2014, ese pase de 30 metros a Wayne Rooney en 2008 que desarboló a toda la defensa del Aston Villa, o la asistencia de cabeza de 2014 contra el Real Betis. ¡A veces parece que Ronaldo tenga ojos en la nuca!

Por su parte, Messi no siempre ha sido el mejor pasador. En la temporada 2012-13, Ronaldo dio más pases clave (86) que Messi (63) y generó más ocasiones para su equipo (18 frente a 13). Pero, a medida que Ronaldo se fue aproximando a la portería, fue teniendo menos necesidad de dar pases... ¡y más oportunidades de disparar!

DISPARO

Al principio de su carrera, Ronaldo destacó por sus disparos lejanos. Buen ejemplo de ello fueron sus chuts en encuentros contra el Arsenal y el Portsmouth, o contra el Oporto, donde un disparo desde 40 metros le valió el Premio Puskás de la FIFA 2009, que se concede al mejor gol de la temporada. Ronaldo continuó demostrando sus dotes en el disparo en el Real Madrid, donde realizó más chuts que ningún otro jugador de Europa hasta la fecha. Dada la inmensa potencia de Ronaldo, no es de extrañar que le guste disparar desde lejos. Pero el astro portugués también es letal en el área. Ronaldo se decanta por su diestra, pero también puede anotar con el pie izquierdo y con la cabeza. En pocas palabras, es una máquina de generar ocasiones de gol…

LIONEL MESSI

REGATE

Lionel Messi es conocido como el maestro del regate. Mientras que Ronaldo suele recurrir a regates inverosímiles para engañar a los rivales, Messi mueve el balón con toques sencillos y rápidos: «Espero el movimiento del defensa. Juego con él. Una vez que veo cuál es su intención, finto para ir hacia un lado y luego me decanto por el otro», explica Messi. A Leo se le da tan bien encarar a los defensas que casi siempre sabe elegir el momento perfecto para superarlos. Es como si tuviera el balón pegado al pie. En la temporada 2007-08, Messi logró por primera vez más regates que

Ronaldo (168 frente a 128), y esta tendencia se ha mantenido desde entonces.

PASE

Como hemos visto, ¡las cifras de pases de Messi son de otro planeta! Mientras que Ronaldo se ha ido acercado más a la portería con la edad, Messi se ha ido alejando. Leo escanea el campo como un halcón para, luego, dar el pase perfecto que nadie más ha visto, y romper la defensa.

Messi no solo es un maestro a la hora de filtrar pases, sino también cuando se trata de esperar el momento oportuno para ejecutarlos a la perfección. Le encanta combinar rápidamente con un compañero para crear espacios o dar un pase increíble desde el campo contrario. Un buen ejemplo fue su pase de la muerte a través de las piernas de Nathan Aké contra Países Bajos en la Copa Mundial 2022, la asistencia que dio a Thierry Henry en la paliza del Barcelona al Real Madrid (6-2), o el pase a Neymar en la goleada del PSG al Clermont Foot (5-0)… ¡Es un genio!

DISPARO

Cuando Messi no da asistencias de gol a sus compañeros, ¡suele marcarlos!

QUÉ DICEN SUS CRÍTICOS

«Ronaldo tiene más instinto goleador que Messi. Sus remates son mucho más certeros».

¡ERROR!

Echemos un vistazo a las cifras:

	MESSI	RONALDO
GOLES POR PARTIDO	0,79	0,72
DISPAROS POR GOL	5,27	6,43
MINUTOS POR GOL	104,7	112,8

Los datos demuestran que Messi necesita menos disparos y menos minutos para encontrar la red. A pesar de que Ronaldo destaca por sus disparos lejanos, Messi ha marcado más goles desde fuera del área (92 frente a 76). Ronaldo apuesta por la potencia, mientras que Messi prefiere la precisión. Messi tiende a disparar cuando tiene más posibilidades de marcar, mientras que a Ronaldo le gusta probar suerte con chutes complicados a larga distancia.

¿Sabías que...? Durante el período en que ambas superestrellas jugaron en la liga española, Ronaldo realizó 618 disparos más que Messi, pero ¡Messi marcó 22 goles más!

Messi es igual de letal dentro del área. Le encanta jugar al gato y al ratón, esperando a que el portero haga un movimiento antes de elegir el disparo para batirlo. Normalmente recurre a su zurda mágica.

¿QUIÉN GANA?

Ronaldo combina a la perfección su poderío físico con sus habilidades técnicas. A menudo, los espectadores responden a sus actuaciones con un «¡guau!». Pero Messi hace que la gente se pregunte: «¿cómo?».
Leo combina sus habilidades técnicas con su enorme creatividad para crear jugadas que solo él es capaz de imaginar.

SAQUE INICIAL
CARÁCTER
HABILIDADES
MEDIA PARTE
ESTADÍSTICAS
INCIDENCIA
PRÓRROGA

HABILIDAD TÁCTICA

La palabra «táctica» normalmente nos lleva a pensar en formaciones como el 4-4-2 o el 3-4-1-2. Pero este apartado no hace referencia a estos planteamientos tácticos. Lo que nos interesa es cómo Messi y Ronaldo deciden qué habilidades utilizar, cuándo utilizarlas y cómo inciden en el juego de sus compañeros. ¿Quién crees que tiene una visión de juego global más letal?

CRISTIANO RONALDO

Cuando Ronaldo salta a un terreno de juego, a menudo es capaz de predecir lo que va a suceder antes de que acontezca. Gracias a su experiencia, sabe cómo reaccionarán los defensas, por dónde se desplazarán sus compañeros y dónde podrá moverse como pez en el agua.

En el documental *Tested to the Limit*, el director Mike McDowall se propuso demostrar lo increíble que es el cerebro futbolístico de Ronaldo. El equipo de rodaje ideó un experimento que consistía en pedir a gente que enviara un balón a Ronaldo, para que, a continuación, este chutara a puerta vacía. Fácil, ¿verdad?

Pero ¿y si se apagan las luces? Eso sí que es un reto. Para demostrar lo difícil que era, el equipo pidió a un futbolista aficionado que lo intentara primero. Como era de esperar, el aficionado erró el disparo de largo. Ronaldo, en cambio, marcó en su primer intento... ¡y en el segundo! Durante el documental, el equipo explicó cómo Ronaldo había analizado la posición del cuerpo del delantero, se había fijado en la forma de sus pies y de sus caderas, y había deducido exactamente dónde y cuándo caería el balón.

Ronaldo tiene tanta experiencia que es capaz de tomar decisiones estratégicas rápidas y con muy poca información. Por ejemplo, su gol de chilena con el Real Madrid frente a la Juventus en la Liga de Campeones 2018. En cuestión de segundos, Ronaldo tuvo que calcular dónde estaba el espacio, dónde era probable que cayera el balón, cómo rematar, hacia dónde se tiraría el portero... y dónde apuntar. ¡Uf!

LIONEL MESSI

Durante un partido de fútbol, el cerebro de Messi no para de funcionar, ¡aunque a veces parezca que esté muy tranquilo! En la Copa Mundial 2022, Messi recorrió una media de 5102 metros por partido y caminó más que ningún otro jugador.

Sin embargo, Messi no camina porque esté cansado o sea perezoso. Leo está esperando el momento perfecto para atacar, está analizando dónde están sus rivales, qué están haciendo y dónde está el espacio.

El cerebro futbolístico de Messi es capaz de anticipar lo que está a punto de suceder. Por ejemplo, su asistencia en el encuentro entre Argentina contra Países Bajos en la Copa Mundial 2022. En cuestión de segundos, Messi tuvo que deshacerse de un defensa, observar dónde estaban sus compañeros de equipo, decidir si pasar o regatear, ¡y hacer un pase exactamente donde el defensa no pudiera llegar!

Nuestros protagonistas no nacieron con esta brillante habilidad para tomar decisiones; ambos han tenido que aprender un montón de duras lecciones a lo largo de los años. El talento natural solo puede llevarte hasta cierto punto en el fútbol profesional, y Messi y Ronaldo han tenido que evolucionar para convertirse en las superestrellas que son hoy en día.

Veamos un par de ejemplos...

CRISTIANO RONALDO: DEL JUEGO DE PIES VISTOSO A LAS BOTAS DE ORO

Cuando Ronaldo llegó al Manchester United, no había duda de que tenía talento para convertirse en una superestrella. Pero ¿cómo se adaptaría al estilo de juego tan directo y físico del fútbol inglés? La respuesta fue… no muy bien.

Cristiano estaba empeñado en demostrar sus regates increíbles en lugar de disparar o habilitar a sus compañeros. Todo el mundo le gritaba: «¡pásala!», pero él no parecía escuchar, y, cuando los defensas iban a pararlo, a menudo acababa por el suelo. ¡Qué frustración!

Pero, con la ayuda de los entrenadores del Manchester United, Ronaldo fue capaz de adaptar su juego: de los regates y las florituras a los centros y los disparos; de ser un extremo con un juego vistoso a convertirse en un delantero potente de talla mundial.

Temporada tras temporada, Ronaldo fue mejorando. Marcó seis goles en la 2003-04, nueve en la 2005-05 y 12 en la 2005-06. A partir de la temporada 2006-07, ¡anotó 23 goles por temporada! Y aquí no acabó la cosa…

Ronaldo estaba obsesionado con seguir mejorando, sobre todo cuando uno de los técnicos del United, René Meulensteen, le retó a marcar ¡30 goles en la temporada 2007-08! «Eres bueno marcando goles espectaculares desde larga distancia con el pie derecho, pero ¿qué hay de los goles cerca de la portería y con el resto del cuerpo?», le retó Meulensteen.

¡Ronaldo aceptó el reto! Trabajó duro para ser más directo y mucho más físico a la hora de marcar goles. En febrero de 2008, alcanzó su objetivo inicial de 30 goles, marcados de diferente factura. Al final de la temporada logró anotar 42 goles. ¡Misión cumplida!

GOLES DE RONALDO (2007-08)

DERECHA	ZURDA	DE CABEZA
26	7	9

El juego de Cristiano ha seguido evolucionando a lo largo de su carrera. Se ha adaptado con éxito a equipos con estilos muy diversos, diferentes entrenadores y diferentes compañeros de equipo, tanto en la Premier League, en LaLiga, en la Serie A o en la Saudi Pro League. ¡Menuda estrella! ■

CÓMO HA IDO ADAPTANDO RONALDO SU JUEGO A LO LARGO DE LOS AÑOS...

Ronaldo pasó de ser delantero en las categorías inferiores del Sporting Club de Portugal...

... a extremo en el primer equipo del club...

... para pasar a centrarse mucho más en marcar goles en el Manchester United...

... y después convertirse en un delantero con mucha movilidad en el Real Madrid...

... hasta finalmente llegar a ser un magnífico definidor en la Juventus, el Manchester United y el Al-Nassr.

LIONEL MESSI: DE SER TILDADO DE CHUPÓN A GANAR BALONES DE ORO

A pesar de su enorme talento, el joven Leo tenía mucho que aprender cuando se trataba de jugar en equipo.

«Es demasiado individualista. Y no defiende cuando pierde el balón» afirmaron algunos compañeros del Barcelona B. Si Leo quería triunfar, debía (sí, lo has adivinado) ¡adaptar su juego!

El entrenador de Messi en el Barcelona B fue el primero en hablar con él: «El juego continúa si no tienes el balón. Y, a veces, tus compañeros están en mejores posiciones que tú», le explicó.

Leo trabajó duro para no decepcionar a su entrenador. Se movía continuamente por el campo y mejoró tanto que fue convocado por el primer equipo.

EL CAMINO PARA CONVERTIRSE EN EL MEJOR DEL MUNDO

Bajo la batuta de Pep Guardiola, Messi aprendió por fin a combinar con sus compañeros y a tratar de recuperar el balón. «Creo que Messi es el que recupera más balones cuando pierde la posesión», afirmó Jürgen Klopp, exentrenador del Liverpool. Y, cuando recuperaba el balón, Messi siempre estaba dispuesto a pasárselo al jugador en mejor

posición. Leo había demostrado su impresionante capacidad de adaptación. A veces, Pep jugaba con Messi en la banda, otras lo situaba como delantero, como falso nueve (un delantero que se deja caer al centro del campo para construir juego), o incluso como centrocampista ofensivo. A menudo, Messi desempeñaba todas esas funciones en un mismo partido.

LA ERA DE LA MSN

Messi formó una temible delantera con sus compañeros de equipo Suárez y Neymar, conocida como la MSN. En tres temporadas, marcaron entre todos 363 goles (153 de ellos, Messi). También cosechó un buen número de premios individuales, pero, aunque los focos se centraban en él, sabía que no habría triunfado sin el apoyo de sus compañeros y entrenadores.

Cuando Messi ganó el Balón de Oro en 2010, quiso reconocer el apoyo de sus compañeros Xavi y Andrés Iniesta, finalistas en esa misma edición: «Quiero hacer un brindis por Xavi y Andrés. A pesar de que gané yo, ellos se merecen este premio: esto es para ellos», declaró Messi. ■

CÓMO HA IDO ADAPTANDO MESSI SU JUEGO A LO LARGO DE LOS AÑOS...

Messi pasó de jugar como extremo en el equipo juvenil del Barcelona...

... a trabajar con Xavi e Iniesta en el primer equipo...

... a formar parte del tridente legendario de la MSN...

... a tener a todo el equipo del Barcelona a su alrededor...

... a transformarse en un jugador más profundo y creativo a medida que se convertía en un jugador más veterano, sobre todo en el PSG y en el Mundial 2022...

... y, por último, a jugar con total libertad en el Inter Miami, actuando tanto en el centro del ataque como por las bandas.

¿QUIÉN GANA?

Puede que Messi y Ronaldo sean dos de las mentes más agudas de la historia del fútbol, pero ambos han demostrado su disposición a seguir aprendiendo. Está claro que siempre están dispuestos a evolucionar y a cambiar su juego para adaptarse al equipo.

Sin embargo, lo que diferencia a Messi en el aspecto táctico es su increíble rapidez mental, que le permite ver los partidos a cámara lenta y tomar las decisiones adecuadas en el momento exacto. Aunque Ronaldo también tiene una visión de juego increíble, ¡hasta Seth no tiene más remedio que reconocer que Messi es el mejor tácticamente!

DECIDAMOS ENTONCES... ¿QUIÉN ES EL GOAT DE LAS HABILIDADES?

En esta sección, hemos analizado las habilidades físicas, técnicas y tácticas de Messi y de Ronaldo. Ahora es el momento de votar.

Le toca a Matt defender al mago de las bandas reconvertido en distribuidor de juego…

MATT SE DECANTA POR MESSI

Cuando se trata de habilidades futbolísticas, Messi es el GOAT, sin lugar a dudas. Es tan bueno que ni siquiera necesita hacer demasiadas florituras. No, simplemente coge el balón y baila ante los mejores defensas (Jérôme Boateng, Joško Gvardiol… la lista es interminable) como si fueran torpes gigantes con pies de barro.

Pases, regates, disparos… Messi es un maestro absoluto en todos los lances del juego, y los resuelve con una aparente facilidad increíble. Hace que el fútbol sea un juego bonito.

Messi no es un portento físico como Ronaldo, pero ¿y qué? Es mucho más fuerte de lo que parece, y su cerebro futbolístico es tan rápido que no necesita lucir unos abdominales de escándalo. Incluso bajo la presión de los grandes partidos, ve cosas que nadie es capaz: un pequeño hueco en la defensa, un compañero a punto de desmarcarse, un rival ligeramente desequilibrado… y tiene la habilidad de aprovecharlo.

No hay que engañarse y creer que Messi es perezoso solo porque a veces se le ve caminando por el césped. Su mente no descansa y siempre está al acecho de una oportunidad. No te confundas pensando que Messi hace lo que le da la gana en el campo. Es un jugador de equipo, además de una superestrella, y ha sabido adaptar su juego a los talentos que le rodean. Aunque no nos engañemos, si tuvieras al GOAT en tu equipo, ¿realmente querrías desperdiciar su talento pidiéndole que retroceda y defienda? ¡La respuesta es obvia!

SETH SE DECANTA POR RONALDO

En su mejor momento, ningún futbolista podía correr más rápido, saltar más alto o acelerar más que Ronaldo. Podría pensarse que ha sido construido en un laboratorio. Dada su potencia física, es casi como si Ronaldo hubiera sido diseñado por un científico loco empeñado en crear al futbolista perfecto.

¿Y qué más le proporcionaría nuestro científico loco a Ronaldo? Talento. Mucho talento. Una y otra vez, este GOAT del fútbol ha desafiado las leyes de la física. Desde las calles de Madeira hasta el estadio Santiago Bernabéu de Madrid, Ronaldo ha cautivado al público con sus potentes disparos, sus regates electrizantes y sus controles de balón. Ronaldo no solo tiene un talento enorme, sino que además es capaz de demostrarlo en los momentos más importantes y en los equipos más grandes del mundo.

Cada jugador debe encontrar su lugar en un equipo. Y, a diferencia de algunos futbolistas que han permanecido en el mismo club durante casi toda su carrera, Ronaldo ha adaptado su estilo en función de los requerimientos tácticos de cada uno de los entrenadores con los que ha trabajado en distintos países.

En Italia, se ha enfrentado a rivales a los que les encanta defender; en Inglaterra, a defensas que presionan e intimidan; y, en España, a defensas que no dejan respirar a los jugadores más peligrosos. Ronaldo ha triunfado allá donde ha ido. No importa en qué equipo juegue, Ronaldo es el GOAT del fútbol.

Pero, antes de que te decidas, déjame hacerte una pregunta: si estuvieras creando al futbolista perfecto en tu laboratorio, ¿con qué habilidades que Ronaldo no tenga le dotarías? ¡No hay más preguntas!

Seth
Máquina contra humano…
Está clarísimo, ¿no?

Matt
¿Quién ha dicho que Messi sea humano? ¡Es un DIOS del fútbol!

Seth
Pareces un devoto…

Matt
Y tú un ciego…

PUNTUACIONES

	MESSI	RONALDO
HABILIDAD FÍSICA	8/10	10/10
HABILIDAD TÉCNICA	10/10	9/10
HABILIDAD TÁCTICA	10/10	8/10
PUNTUACIÓN TOTAL	28/30	27/30

Así se desprende de nuestra valoración, pero ¡la decisión final es tuya! ¿Quién crees que es el GOAT más habilidoso?

Mi GOAT de las habilidades es:

....

MEDIA PARTE

CUESTIONARIO

¡Piii! Vamos a necesitar 15 minutos para recobrar el aliento. Tanto debate nos ha dejado extenuados. El corazón de Matt late con fuerza y Seth empieza a sudar. Así que, mientras nos dirigimos a los vestuarios para recobrar fuerzas, te dejamos con un cuestionario para poner a prueba tus conocimientos durante el descanso…

PREGUNTAS GENERALES

1. ¿A quién va dedicada la celebración de gol favorita de Messi (señalar al cielo con ambas manos)?

   ....

2. ¿A qué defensa del Manchester United destrozó un joven Ronaldo durante el ya famoso partido amistoso contra el Sporting Club de Portugal en 2003?

   ....

3. ¿Cuántas finales de la Copa América había perdido Messi con Argentina antes de levantar por fin el trofeo en 2021?

   ....

4. ¿Por qué Ronaldo se convirtió en el enemigo público número uno de Inglaterra en 2006?

   ....

5. Durante el tiempo que ambos jugaron en la liga española, un GOAT disparó más veces a puerta y el otro marcó más goles. ¿Sabes la respuesta?

....

MESSI, RONALDO... ¿O AMBOS?

1. Ha ganado la Liga de Campeones con más de un club.

☐ Messi ☐ Ronaldo ☐ Ambos

2. Ha ganado una medalla de oro olímpica.

☐ Messi ☐ Ronaldo ☐ Ambos

3. Es el máximo goleador histórico de su país en los torneos de la Copa Mundial.

☐ Messi ☐ Ronaldo ☐ Ambos

4. Tiene el récord de goles histórico en partidos internacionales masculinos.

☐ Messi ☐ Ronaldo ☐ Ambos

5. Ha jugado en el mismo equipo que Sergio Ramos, Ángel Di María y Carlos Tévez.

☐ Messi ☐ Ronaldo ☐ Ambos

PREGUNTAS GENERALES
1. A su abuela Celia; 2. A. J. John O'Shea; 3. Tres; 4. Porque guiñó el ojo después de colaborar en la expulsión de su compañero del Manchester United, Wayne Rooney, en los cuartos de final del Mundial; 5. Ronaldo remató 618 veces más que Messi, pero Messi marcó 22 goles más.
MESSI, RONALDO... ¿O AMBOS?
1. Ronaldo; 2. Messi; 3. Messi; 4. Ronaldo; 5. Ambos

MESSI VS. RONALDO

LOS MEJORES ENFRENTAMIENTOS DE LA HISTORIA

No es muy frecuente que nuestros GOAT se enfrenten en un terreno de juego (no suelen hacerlo más de un par de veces por temporada) Precisamente por eso, estos enfrentamientos son todavía más especiales.

Entonces, ¿qué pasa cuando Messi y Ronaldo se ven las caras? Hemos seleccionado algunos de sus mejores enfrentamientos para que los disfrutes…

ENFRENTAMIENTO N.º 1

UN PRIMER CHOQUE PARA EL OLVIDO

BARCELONA 0 | 0 MANCHESTER UNITED

23 DE ABRIL DE 2008 • LIGA DE CAMPEONES

De acuerdo, quizá no se trate del mejor partido de la historia, pero, sin duda, es un momento muy significativo en nuestra batalla entre los GOAT: ¡su primer enfrentamiento! Ronaldo falló un penalti, pero lo compensó en el partido de vuelta de esa misma semifinal de la Liga de Campeones, que ganó el Manchester United por 1-0. ¡Lo sentimos, Messi!

ENFRENTAMIENTO N.° 2

¡MESSI SE LLEVA LA FINAL!

BARCELONA 2 | 0 MANCHESTER UNITED

27 DE MAYO DE 2009 • LIGA DE CAMPEONES

En 2009, Ronaldo y Messi ya eran considerados los dos mejores jugadores del mundo. Esta final se presentaba como un duelo entre los dos genios, ¡y Messi salió vencedor! Marcó un gol de cabeza increíble y ganó el trofeo para un Barcelona muy superior.

ENFRENTAMIENTO N.° 3

¡MESSI REPARTE JUEGO!

BARCELONA 5 | 0 REAL MADRID

29 DE NOVIEMBRE DE 2010 • LALIGA

La primera gran batalla de nuestros GOAT en la liga española pasará a los anales de la historia. Ambos jugadores ya habían ganado el Balón de Oro y estaban ansiosos por demostrar que eran los mejores del mundo. De ahí, el enorme chasco que se llevó Ronaldo cuando un Barcelona implacable humilló al Real Madrid. Messi no marcó, pero fue el artífice de dos de los cinco goles de su equipo, en una actuación estelar.

ENFRENTAMIENTO N.° 4

¡LA REVANCHA DE RONALDO!

BARCELONA 1 | 3 REAL MADRID

26 DE FEBRERO DE 2013 • COPA DEL REY

Tras marcar un penalti en el minuto 7, CR7 aumentó la ventaja del Madrid con un cabezazo marca de la casa, con el que liquidó al equipo de Messi. ¡Revancha consumada!

ENFRENTAMIENTO N.º 5

¡MESSI LO CELEBRA A LO GRANDE!

REAL MADRID 2 | 3 BARCELONA

23 DE ABRIL DE 2017 • LALIGA

¿Un partido emocionante de cinco goles con un tanto de Messi en el último minuto? Delicioso. ¿Qué más se puede pedir? La celebración en la que el astro argentino mostró al aire su camiseta ante la afición del Real Madrid…

ENFRENTAMIENTO N.º 6

¡EL REY CRISTIANO!

BARCELONA 0 | 3 JUVENTUS

8 DE DICIEMBRE DE 2020 • LIGA DE CAMPEONES

La Juventus necesitaba una gran victoria para asegurarse el primer puesto del grupo. Solo había un problema: el Barcelona había ganado 25 partidos seguidos en la fase de grupos de la Liga de Campeones. ¡Y Ronaldo asumió el reto! Tras marcar un penalti tempranero, Cristiano redondeó su actuación con un segundo gol que aupó a la Juventus al primer puesto del grupo.

ENFRENTAMIENTO N.º 7

NUEVOS EQUIPOS, MISMOS GOAT

PSG 5 | 4 RIYADH ALL-STARS

20 DE ENERO DE 2023 • AMISTOSO

Era el primer partido de una nueva era para nuestros GOAT. Con Messi en París y Ronaldo en Arabia Saudí, se respiraba un ambiente relajado en este partido amistoso. Sin embargo, no faltó el espectáculo, ya que Ronaldo marcó dos goles y Messi, uno.

Hasta aquí, el repaso a los mejores enfrentamientos entre Messi y Ronaldo. Pero ¿quién se ha llevado más duelos? En la siguiente tabla tienes la respuesta:

ENFRENTAMIENTOS ENTRE LOS GOAT: MESSI Y RONALDO

	RONALDO	MESSI
VICTORIAS	11	16
GOLES	21	22

Puede que Messi esté por delante en lo que respecta a los duelos directos entre sus equipos, pero ¿quién se llevará la batalla de las individualidades? Es hora de hacer el último estiramiento, beber un último trago de agua y prepararse para la segunda parte. ¡Vamos!

ESTADÍSTICAS

¿QUÉ SON LAS ESTADÍSTICAS FUTBOLÍSTICAS?

Messi y Ronaldo son jugadores superdotados, pero lo que les hace tan especiales es su capacidad para convertir ese talento en oro futbolístico, partido tras partido y temporada tras temporada.

Sabemos que Messi y Ronaldo han cosechado numerosos triunfos a lo largo de sus carreras, pero ¿qué GOAT se impondrá en la batalla de las estadísticas? Hablamos de goles, premios y campeonatos. Para que las cosas sean «claras y evidentes», como diría el VAR (videoasistencia arbitral), vamos a dividir este apartado en tres grandes secciones:

RENDIMIENTO
Analizaremos las disparatadas cifras de goles y asistencias que avalan la tiranía de Messi y Ronaldo.

LOGROS INDIVIDUALES
Sumaremos sus logros: desde los trofeos al mejor jugador del partido hasta los Balones de Oro.

ESTADÍSTICAS CON SUS EQUIPOS
Analizaremos los trofeos y los campeonatos ganados tanto con sus clubes como con sus selecciones.

Recuerda que las estadísticas no engañan…

RENDIMIENTO

MESSI

	PARTIDOS	GOLES	ASISTENCIAS
CON SU CLUB	853	704	303
INTERNACIONALES	178	106	53
TOTAL	1031	810	356

RONALDO

	PARTIDOS	GOLES	ASISTENCIAS
CON SU CLUB	949	701	201
INTERNACIONALES	203	127	34
TOTAL	1152	828	235

Empecemos con las conclusiones más evidentes:

- ¡El GOAT con más goles es RONALDO!
- ¡El GOAT con más asistencias es MESSI!
- ¡El GOAT con más goles y asistencias en conjunto es MESSI!

¿Queda claro? ¡Genial! Ahora, profundicemos en los números.

CRISTIANO RONALDO

Los datos son increíblemente parejos, pero Ronaldo se lleva el primer premio por el número total de goles. Nadie ha buscado el gol con más ansias que Cristiano, en diversos países y en competiciones diferentes. Sin embargo, hay una competición que destaca claramente como su favorita: la Liga de Campeones.

LIGA DE CAMPEONES

	MESSI	RONALDO
PARTIDOS	163	183
GOLES	129	140
ASISTENCIAS	40	41

Ronaldo también se impone como goleador cuando nuestros GOAT se enfrentan:

ENFRENTAMIENTOS ENTRE MESSI Y RONALDO

	MESSI	RONALDO
DERECHA	102	531
ZURDA	679	154
DE CABEZA	26	141
TOTAL	807	826

¿Sabías que Ronaldo ha logrado el triplete perfecto (un gol con la derecha, otro con la izquierda y otro de cabeza) nueve veces en su carrera? ¿Y Messi? Nunca.

LIONEL MESSI

Las estadísticas de Ronaldo son demoledoras, pero hay que tener en cuenta que ha jugado unos 100 partidos más que Messi. Además, hay que valorar que, cuanto más importante es el partido, mejores son sus números:

EL MAGO DE LOS MUNDIALES

	MESSI	RONALDO
PARTIDOS	26	22
GOLES	13	8
ASISTENCIAS	8	2

EL REY DEL CLÁSICO

	MESSI	RONALDO
PARTIDOS	45	30
GOLES	26	18
ASISTENCIAS	14	1

DECISIVO EN LAS FINALES

	MESSI	RONALDO
PARTIDOS	48	30
GOLES	35	22
ASISTENCIAS	15	2

Por tanto, la pregunta es: ¿cuándo y cómo se convirtió Messi en un goleador tan letal? Todo empezó en 2008, cuando Pep Guardiola se hizo cargo del Barcelona...

MESSI Y EL MILAGRO DE LOS 91 GOLES EN UN AÑO

La primera decisión del nuevo entrenador del Barcelona, Pep Guardiola, fue prescindir de la estrella brasileña del equipo, Ronaldinho.

Los aficionados se quedaron estupefactos. ¿Quién iba a sustituirlo y quién metería sus goles? La respuesta fue… ¡Messi!

¿En serio? Por aquel entonces, a Messi se le consideraba un extremo habilidoso con olfato de gol, pero no tanto como para llevar al equipo a ganar títulos. Guardiola lo veía de otra manera. Tenía grandes planes para convertir a Messi en la figura indiscutible del Barcelona.

En 2008, Pep le dio a Messi el número que antes había pertenecido a Ronaldinho. Como parte de su nuevo rol, Guardiola también le dio libertad absoluta para moverse por todo el flanco de ataque, incluido el centro, donde podría encontrar mejores opciones de disparo. Y los resultados fueron más que notables…

RESULTADOS DEL BARCELONA (2007-09)

TEMPORADA	GOLES	ASISTENCIAS	TÍTULOS
2007-08	16	16	0
2008-09	38	19	Liga, Copa del Rey y Liga de Campeones

La temporada siguiente, Guardiola decidió mover definitivamente a Messi de la banda al centro del ataque del Barcelona. Y los números de Messi mejoraron aún más:

GOLES DE MESSI POR TEMPORADA

TEMPORADA	GOLES
2009-10	47
2010-11	53
2011-12	73

¡Guau!, ¿73 goles en una sola temporada? Sí, y eso solo con el Barcelona; en total, durante 2012, Messi marcó 91 goles si también sumamos los logrados con su selección, un récord mundial que seguramente nunca se batirá.

GOLES DE MESSI EN 2012

PARTIDOS	69
GOLES	91
HAT-TRICKS	9
GOLES POR PARTIDO	1,32
DISPAROS POR GOL	3,81
MINUTOS POR GOL	65,3

¡UN DELANTERO LETAL!

¿Estos datos significan que Messi no dio tantas asistencias a sus compañeros? No, en absoluto; de hecho, sus asistencias también aumentaron:

TEMPORADA	ASISTENCIAS
2009-10	12
2010-11	27
2011-12	32

¿QUIÉN GANA?

Aunque a Messi y a Ronaldo les gusta ver portería de maneras diferentes, están prácticamente empatados en la cima en lo que a números se refiere: ¡810 frente a 828 goles!

Si tenemos en cuenta también las asistencias, Messi supera a Ronaldo, pero analicemos otras maneras de decidir quién es el mejor.

LOGROS INDIVIDUALES

¿Quién se lleva la palma en la batalla por los logros individuales? He aquí un cara a cara para ver cuántos galardones han ganado nuestros GOAT:

	PREMIOS	MESSI	RONALDO
INDIVIDUALES	Balón de Oro	8	5
	Jugador Mundial de la FIFA	7	5
	Premio Puskás al Mejor Gol del Año	0	1
CON SU CLUB	MVP de la final de la Liga de Campeones	1	1
	Jugador del Año de la UEFA	2	3
	Mejor Jugador de LaLiga	6	5
	Bota de Oro (máximo goleador de las ligas europeas)	6	4
	Máximo Goleador de la Liga de Campeones	6	7
	Pichichi de LaLiga	8	6
INTERNACIONALES	Balón de Oro de la Copa Mundial (al mejor jugador)	2	0
	Bota de Oro de la Copa Mundial (al máximo goleador)	0	0
	Mejor Jugador de la Copa América/EURO	2	0
	Máximo Goleador de la Copa América/EURO	1	2
	TOTAL	49	39

Empecemos con las conclusiones más evidentes:

- El GOAT con más premios al mejor jugador masculino de la UEFA es RONALDO.
- El GOAT con más Balones de Oro de la Copa Mundial es MESSI.
- ¡El GOAT con más Balones de Oro es MESSI!

LIONEL MESSI

Sí, Messi ha ganado ocho veces el Balón de Oro: ¡tres más que Ronaldo y cinco más que cualquier otro jugador de la historia!

QUÉ DICEN SUS CRÍTICOS

«¡Está amañado! La FIFA se asegura de que Messi gane siempre».

¡ERROR!

El Balón de Oro no lo eligen los mandamases de la FIFA, sino destacados periodistas de los 100 países más importantes del mundo del fútbol. Por tanto, no hay trampas en el proceso: Messi ha sido el mejor jugador del planeta, ¡año tras año!

Entonces, ¿se puede dar por finiquitado el debate sobre el GOAT? No si Ronaldo tiene algo que decir al respecto…

CRISTIANO RONALDO

Aunque puede que no haya recibido tantos galardones como Messi, Ronaldo ha cosechado numerosos reconocimientos en todo el mundo. Además, los premios no son el único logro individual en el fútbol; también están los récords. Y nadie ha batido tantos récords como Ronaldo:

- En la temporada 2012-13, batió el récord de LaLiga al marcar ¡ocho *hat-tricks* con el Real Madrid en una temporada!
- Durante la temporada 2013-14, marcó 17 goles en la Liga de Campeones, lo que sigue siendo el récord absoluto.
- En 2015, superó a Messi como máximo goleador de la Liga de Campeones de todos los tiempos, récord que sigue ostentando en la actualidad ¡con la asombrosa cifra de 140 goles!
- En 2018, superó a Raúl para convertirse en el máximo goleador histórico del Real Madrid ¡con la increíble cifra de 450 goles!

Y, por último, el récord en el que queremos hacer especial hincapié:

- En 2021, Ronaldo superó a Ali Daei y se convirtió en el máximo goleador de la historia del fútbol masculino internacional…

RONALDO, EL HOMBRE RÉCORD

Portugal se despidió antes de tiempo del Mundial 2014 con una amarga decepción.

A pesar del gol tardío de Ronaldo contra Ghana, su 50.º tanto internacional, Portugal perdió ante Estados Unidos y fue eliminada en la fase de grupos.

PARTIDOS INTERNACIONALES DE RONALDO (2013-14)

PARTIDOS	GOLES
114	50

Ronaldo regresó a casa frustrado, pero no se rindió. Estaba decidido a mejorar su rendimiento y a marcar muchos más goles.

¡PAM! Marcó un *hat-trick* contra Armenia y clasificó a Portugal para la EURO 2016.

¡PAM! Marcó dos goles contra Hungría que le permitió a Portugal superar la fase de grupos.

¡PAM! Marcó el decisivo primer gol contra Gales en semifinales.

¡POR FIN CAMPEONES!

Cuatro días más tarde, Portugal venció a Francia en la final y se proclamó campeona de Europa. ¡Por fin llegó el deseado triunfo internacional!

Y Ronaldo no se detuvo aquí:

	PARTIDOS	GOLES
2016	13	13
2017	11	11
2018	7	6
2019	10	14

¡Qué máquina de hacer goles! ¡51 tantos en 51 partidos! A 8 de septiembre de 2020, las estadísticas de Ronaldo con Portugal habían vuelto a dispararse:

PARTIDOS	GOLES
165	105

Ronaldo se acercaba a los 109 goles, el récord mundial masculino internacional. Al rematar la EURO, ya había alcanzado esta cifra, y empatado con Daei como máximo artillero histórico. Pero ¿podría batir el récord en el siguiente partido de Portugal contra la República de Irlanda en septiembre de 2021? ¡¿Lo dudabas?!

Ronaldo marcó un gol de cabeza en el minuto 89, y volvió a perforar la portería solo seis minutos después. Por fin, era el número uno… ¡Otro récord mundial en su haber! ■

¿QUIÉN GANA?

Si nos limitamos a los galardones, Messi es el GOAT del fútbol sin discusión alguna, pero nadie ha batido más récords que Ronaldo, y eso también es una parte clave de la historia del fútbol.

Entonces, ¿el ganador es…? ¡Un momento! Esta respuesta tiene que basarse en algo más que en los logros individuales. El fútbol es un juego de **equipo**, y ninguna estadística tiene más relevancia que las vinculadas a los logros colectivos.

ESTADÍSTICAS CON SUS EQUIPOS

		MESSI	RONALDO
CON SU CLUB	Liga de Campeones	4	5
	Títulos de liga	12	7
	Copas nacionales	7	6
	Mundial de Clubes de la FIFA	3	4
INTERNACIONALES	Copa Mundial de la FIFA	1	0
	Copa América/EURO	1	1
	Finalissima/Liga de las Naciones de la UEFA	1	1
	Olimpiadas	1	0
	TOTAL	30	24

Empecemos con las conclusiones más evidentes:

- ¡El GOAT con más títulos de liga es MESSI!
- El GOAT con más trofeos de la Liga de Campeones es RONALDO.
- El GOAT con más trofeos internacionales es MESSI.

Pero, antes de profundizar en los logros de cada uno con sus equipos y con la selección, creemos que es conveniente hablar brevemente de los increíbles compañeros con los que Messi y Ronaldo han jugado a lo largo de sus carreras.

Por muy buenos que sean Messi y Ronaldo, necesitan la colaboración de jugadores brillantes en su equipo para optar a ganar los trofeos más importantes.

COMPAÑEROS DE MESSI EN EL BARCELONA	COMPAÑEROS DE RONALDO EN EL REAL MADRID
Carles Puyol	Sergio Ramos
Dani Alves	Gareth Bale
Xavi	Karim Benzema
Andrés Iniesta	Toni Kroos
Thierry Henry	Marcelo
Sergio Busquets	Xabi Alonso
Neymar Jr.	Ángel Di María
Ronaldinho	Mesut Özil

¡Menuda nómina de leyendas! ¡Parece una selección de iconos del fútbol mundial! Sí, el trabajo en equipo es el camino más directo al triunfo, y, para demostrarlo, echemos un vistazo a algunos de los mayores logros de Messi y de Ronaldo con sus respectivos equipos.

MESSI Y LA GRAN RECONSTRUCCIÓN DEL BARCELONA

Tras los años gloriosos de Guardiola (2008-12), el gigante español pasó por lo que denominaron una «mala racha».

Conseguir un trofeo importante y un título de liga en dos temporadas sería un sueño para la mayoría de los equipos, pero ¡estamos hablando del Barcelona! Era hora de cambiar; había que conformar un nuevo ataque estelar.

Messi, por supuesto, seguiría siendo el jugador más importante, pero ya no sería la única superestrella en la línea ofensiva. El joven prodigio brasileño Neymar Jr. se había incorporado al club en 2013, y, en 2014, el Barcelona fichó a la última pieza de su nueva delantera: el atacante uruguayo Luis Suárez.

LA PODEROSA MSN

Messi, **S**uárez y **N**eymar... Sobre el papel, la MSN prometía, pero ¿funcionaría en el terreno de juego? Los tres sudamericanos se compenetraron enseguida y fueron ajustando sus respectivos roles:

Neymar por la izquierda, Messi por la derecha y Suárez en el centro formaron una delantera imparable.

Esa temporada superaron al Real Madrid de Ronaldo y ganaron LaLiga, la Copa del Rey y la Copa de España.

En la final de Copa contra el Athletic de Bilbao, Messi

fue el jugador más destacado al anotar dos golazos, uno de ellos protagonizando una de las mejores jugadas en solitario que jamás se hayan visto. Pero Suárez y Neymar también tenían mucho que decir, y pronto les llegaría su oportunidad de brillar en el escenario más importante…

La prueba de fuego para la MSN llegó en 2014 con la final de la Liga de Campeones en la

GOLES DEL BARCELONA (2013-14)

	MESSI	SUÁREZ	NEYMAR
PARTIDOS	38	27	33
GOLES	43	16	22
ASISTENCIAS	21	16	9

GOLES DEL BARCELONA (2014-15)

	MESSI	SUÁREZ	NEYMAR
PARTIDOS	57	43	51
GOLES	58	25	39
ASISTENCIAS	31	23	10

que se enfrentó a la Juventus. El Barcelona se adelantó en el minuto 4 y, sorprendentemente, no fue ningún miembro del portentoso tridente. Abrió el marcador el centrocampista Ivan Rakitić, a pase de Andrés Iniesta. ¡Qué equipo tan talentoso!

Sin embargo, cuando la Juventus empató al principio de la segunda parte, llegó el momento de que las superestrellas del Barcelona dieran un paso al frente. Primero, Messi regateó y disparó a puerta. El guardameta de la Juventus, Gianluigi Buffon, detuvo el disparo, pero Suárez aprovechó el rechace y anotó el 2-1. Más tarde, a falta de unos segundos para el final, Messi inició un contragolpe que culminó Neymar. El resultado final fue de 3-1. ¡Qué partido más emocionante!

¡El Barcelona era el nuevo campeón de Europa! Tras el partido, la MSN posó feliz con la ansiada copa. Fue el colofón perfecto a una increíble temporada en la que lograron el triplete.

¿Cuál era el siguiente reto tras lograr la Liga de Campeones? Ser campeones del mundo, por supuesto. ¡Dicho y hecho! El Barcelona derrotó al River Plate por 3-0 en la final del Mundial de Clubes 2015. ¿Adivina quién marcó los goles?

- Messi anotó un tanto.
- Suárez logró los otros dos.
- Y Neymar dio dos asistencias.

Tres superestrellas con un mismo objetivo: ganarlo todo con su equipo. ¡Eso es lo que se llama una sociedad perfecta! ■

RONALDO Y EL RETO DE LA LIGA DE CAMPEONES

Fueron 183 partidos disputados, 140 goles anotados y cinco trofeos. Por algo llaman a Ronaldo «Míster Liga de Campeones». Cuando se trata de la máxima competición europea de clubes, sin duda es el rey.

Ronaldo ganó por primera vez la Liga de Campeones con el Manchester United en 2008, pero fue en el Real Madrid donde realmente se convirtió en el dominador de la competición. De 2011 a 2018, ¡marcó diez goles o más en siete temporadas seguidas de Liga de Campeones! Pero ya hemos hablado de sus estadísticas individuales; ahora, queremos analizar los logros con su equipo, así que volvamos al verano de 2013…

Ronaldo acaba de terminar su cuarta temporada en el Real Madrid, en la que había logrado 55 goles en 55 partidos. Pero, hasta entonces, a pesar de sus increíbles cifras, su palmarés se limitaba a dos trofeos: una liga y una Copa del Rey. No había ganado ninguna Liga de Campeones.

¿Un botín de 94 millones de euros? ¡Eso no era lo más importante! Los aficionados del Real Madrid esperaban más, sobre todo en la mayor competición de clubes de Europa. En la década de 1950, el club había ganado la Copa de Europa cinco años seguidos, y, luego, volvió a hacerlo en 1966, 1998, 2000 y 2002. En total, nueve trofeos, pero los aficionados llevaban más de diez años esperando La Décima. ¡Hala Madrid!

Ronaldo ansiaba ganar la Liga de Campeones la temporada 2013-14, y no era el único. Todos sus compañeros compartían el mismo sueño. Trabajando como equipo, lo lograron.

Nada más empezar la competición, Ronaldo se puso manos a la obra, marcando un gol tras otro: tres contra el Galatasaray, dos contra el Copenhague y dos contra la Juventus. Al final de la fase de grupos, acumulaba nueve tantos, ¡y faltaba lo mejor! Anotó cuatro goles contra el Schalke, uno contra el Borussia Dortmund y dos contra el Bayern de Múnich en semifinales. El Real Madrid lo había conseguido; disputaría de nuevo la final de la Liga de Campeones.

En la gran final se vería las caras nada menos que con su rival madrileño, el Atlético. El equipo blanco llegó a los instantes finales perdiendo, pero se negó a rendirse. Ramos marcó el empate en el minuto 93, y, en la prórroga, solo hubo un equipo. Gareth Bale y Marcelo adelantaron al Real Madrid 3-1, y Ronaldo puso la guinda final desde el punto de penalti. Lo habían conseguido: ¡el Real Madrid se alzó con La Décima por 4-1!

¡Conseguido! ¿Hora de relajarse? De eso nada, mientras el equipo lo celebraba en el vestuario, Ronaldo se puso serio de repente y preguntó: «¿cómo podemos volver a ganar este torneo el año que viene?». Sus compañeros se echaron a reír. ■

El Real Madrid no revalidó el título al año siguiente, ya que se impuso el Barcelona capitaneado por Messi, pero, en 2016, el Real Madrid volvió a alcanzar la final de la Liga de Campeones y derrotó de nuevo al Atlético. Y, esta vez, se mantuvieron en la senda de la victoria:

LOS BLANCOS REVALIDAN EL TÍTULO

REAL MADRID 4 | 1 JUVENTUS

2017

Fue, sin duda, la mejor actuación de Ronaldo en el mayor escenario del fútbol europeo. El astro portugués anotó dos goles y fue proclamado como el mejor jugador de la final. Pero lo más importante es que el Real Madrid se convirtió en el primer club en ganar dos Ligas de Campeones consecutivas.

NO HAY DOS SIN TRES

REAL MADRID 4 | 1 LIVERPOOL

2018

En esta ocasión, Bale fue el héroe de la final con dos goles, pero, de nuevo, lo más importante era que el equipo había logrado el hito de ganar tres trofeos de la Liga de Campeones seguidos. ¡Tricampeones! Ronaldo se mostró orgulloso de haber contribuido decisivamente a hacer historia con su equipo.

¿QUIÉN GANA?

Messi y Ronaldo han cosechado un éxito increíble con sus equipos y han ganado trofeos suficientes para llenar un museo.

Sí, han tenido la suerte de contar con compañeros de gran talento, pero se han ganado a pulso ser las superestrellas de estos equipos campeones. En repetidas ocasiones, en los momentos decisivos de los partidos más importantes, Messi y Ronaldo han liderado a sus clubes y a sus selecciones.

DECIDAMOS ENTONCES... ¿QUIÉN ES EL GOAT DE LAS ESTADÍSTICAS?

En este apartado, hemos analizado los récords de goles y asistencias de Ronaldo y de Messi, y lo que cada jugador ha conseguido tanto a nivel individual como con sus equipos. Ahora, es el momento de sacar conclusiones y de **votar al GOAT**.

En esta ocasión, le toca a Matt defender al genio argentino…

MATT SE DECANTA POR MESSI

- 810 goles
- 356 asistencias
- 91 goles en **un solo año**
- 12 títulos de liga
- 8 Balones de Oro
- 4 Ligas de Campeones
- Y ¡1 **Copa Mundial**!

Los números de Messi hablan por sí solos, ¿no? Parece que, para Seth, no, así que añadiré una serie de argumentos. ¿Qué más tiene que hacer y ganar un tipo (o Dios o extraterrestre, aún no estoy seguro) para demostrar que es el GOAT del fútbol? Vale, quizá es cierto que Messi recurre mucho a su pie izquierdo, pero si tuvieras el mejor pie del fútbol, ¿no lo usarías todo lo que pudieras? Y sí, Messi pasó 17 años jugando en el Barcelona, uno de los mejores clubes del mundo, pero es tan brillante que logró incluso mejorar al equipo catalán. Y, por si fuera poco, ¡ahí tienes lo que consiguió con Argentina!

Messi se impone en casi todas las estadísticas:

- Más Balones de Oro
- Más trofeos de equipo
- Más goles con su club
- Más goles por partido
- Y muchas más asistencias

Como afirmó Simon Kuper, uno de los mejores analistas de fútbol, Messi y Ronaldo «son los dos mejores delanteros del mundo, pero Messi es también el mejor creador de juego del mundo». Un creador de juego es alguien que genera goles para sus compañeros, y, en eso, Messi es el mejor. Por eso es el GOAT del fútbol.

SETH SE DECANTA POR RONALDO

Las cifras de goles por partido de Ronaldo y Messi son impresionantes, pero se quedan lejos de las de Pelé, Eusébio y Fernando Peyroteo (¡que logró la friolera marca de 1,77 goles por partido!). Así que los números por sí solos no bastan (de lo contrario, este libro tendría que estar protagonizado por Peyroteo). Tenemos que ir más allá de los números para alcanzar una conclusión definitiva.

Lo que distingue a Ronaldo es su capacidad para rendir en el escenario más grande: la Liga de Campeones. En el fútbol moderno, la Liga de Campeones es el auténtico termómetro del éxito. Los mejores futbolistas juegan en los mejores clubes, por lo que las eliminatorias de la Liga de Campeones son la prueba más exigente en el calendario futbolístico. Y Ronaldo la ha superado en repetidas ocasiones.

Ronaldo fue también el primer jugador de la historia en ganar cinco Ligas de Campeones. También es el máximo goleador histórico de la Liga de Campeones, con la increíble cifra de 17 goles en una temporada. Sí, las estadísticas de Messi son increíbles, pero, sin sus compañeros Xavi e Iniesta, nunca habría pasado de los cuartos de final de la Liga de Campeones. El talento de Ronaldo ha brillado en todo el mundo y ha conseguido trofeos allá donde ha ido. Así lo demuestra que haya ganado la Liga de Campeones con dos clubes diferentes. Si nos limitamos a analizar las estadísticas, no hay duda de que Ronaldo es el GOAT.

Seth
¿Messi tiene más Balones de Oro? Me temo, entonces, que las estadísticas mienten.

Matt
Oye, no seas mal perdedor… como Ronaldo.

Seth
Creo que fue Messi quien renunció a su selección tras perder una final…

Matt
Digas lo que digas, tengo cuatro palabras para ti: ocho Balones de Oro.

Seth
Empiezas a repetirte más que el ajo…

PUNTUACIONES

	MESSI	RONALDO
RENDIMIENTO	10/10	9/10
LOGROS INDIVIDUALES	10/10	9/10
ESTADÍSTICAS CON SUS EQUIPOS	9/10	9/10
PUNTUACIÓN TOTAL	29/30	27/30

Esta es nuestra conclusión, tanto si querías oírla como si no. Ahora te toca a ti opinar. En lo que respecta a las estadísticas, ¿quién crees que es el GOAT del fútbol: Messi o Ronaldo?

Mi GOAT de las estadísticas es:

....

INCIDENCIA

¿QUÉ ES LA INCIDENCIA?

Hemos llegado a la cuarta y última sección. Las páginas vuelan rápido cuando te diviertes leyendo sobre fútbol, ¿verdad? En esta sección, analizaremos la incidencia de nuestros GOAT en el deporte rey: su impacto global, su legado y cómo han contribuido a hacer todavía más grande este deporte.

Todos sabemos que Messi y Ronaldo son jugadores fenomenales, pero ¿cómo han logrado cambiar el fútbol para siempre? Para responder a esta pregunta, vamos a dividir esta sección en tres apartados clave:

CLUBES
Analizaremos el impacto que Messi y Ronaldo han tenido en los distintos equipos en los que han jugado.

SELECCIÓN
Repasaremos la impronta que han dejado en su selección.

EL FÚTBOL
Y, por último, evaluaremos cómo han cambiado el fútbol en sí mismo.

¿Entendido? Pues… ¡adelante!

CLUBES

Barcelona, PSG, Manchester United, Real Madrid, Juventus... Messi y Ronaldo han jugado en algunos de los clubes más importantes del mundo y han levantado todos los trofeos. Ambos han dejado una huella indeleble en sus clubes. Entremos en detalles.

LIONEL MESSI

Cuando pensamos en Messi jugando en un club, siempre nos lo imaginamos con la camiseta del Barcelona, ¿verdad? No en vano, pasó 21 años en este club: cuatro en la cantera y 17 en el primer equipo. ¡Una eternidad para un futbolista! ¿Cuál fue el impacto de Messi en el Barcelona? Respuesta corta: ¡una revolución total!

Respuesta larga: antes de que Messi se uniera al equipo, el Barcelona era un conjunto plagado de jugadores con talento, pero poco consistente. Con Messi, se convirtió en el mejor equipo del mundo. Los resultados de Messi con el Barcelona son asombrosos. Echemos un vistazo más detallado a algunos de sus logros más destacados...

- ¡Diez veces campeones de España! (2004-05, 2005-06, 2008-09, 2009-10, 2010-11, 2012-13, 2014-15, 2015-16, 2017-18, 2018-19)
- ¡Cuatro veces campeones de Europa! (2005-06, 2008-09, 2010-11, 2014-15)
- ¡Tres veces campeones del mundo! (2009, 2011, 2015)

Gracias a su plantilla de talla mundial y a las revolucionarias tácticas de Pep Guardiola, el Barcelona alcanzó tal éxito que se convirtió en un referente y en una inspiración para equipos de todo el mundo. Conjuntos desde Australia hasta Zimbabue copiaron sus tácticas y su estilo de juego: jugar con las líneas avanzadas, dominar la posesión, cansar a los rivales con muchos pases cortos para, luego, romper líneas con la ayuda de un mago como Messi. Hoy en día, los equipos de fútbol siguen copiando estas tácticas. ¡El juego bonito llegó para quedarse!

Aunque las ideas de Pep Guardiola eran geniales, funcionaban sobre todo porque giraban en torno a un jugador: Messi. A pesar de contar con una plantilla y un entrenador increíbles, el Barcelona dependía de su superestrella más que de nadie. Cuando algunos de sus jugadores y su entrenador se marcharon a otros equipos y el Barcelona empezó a perder un poco (que no toda) su brillantez, la relevancia de Messi todavía aumentó más. Tanto, que empezó a hablarse de la messidependencia...

Si la gente inventa palabras para describir lo mediocre que parece tu equipo sin ti, es una señal evidente de que eres bastante importante. En el caso de Messi, se puede ir más allá y, acuñando un nuevo término, llamarlo el «transformaclubes».

CRISTIANO RONALDO

Imagina la escena: es 6 de julio de 2009 y el estadio Santiago Bernabéu está abarrotado con 80.000 personas. Pero no han acudido para ver un partido. Han llenado el estadio para ver por primera vez a su nuevo fichaje récord mundial (traspasado por 94 millones de euros): Cristiano Ronaldo.

Bajo la presidencia de Florentino Pérez, el Real Madrid ha fichado a algunas de las mejores estrellas del fútbol mundial. El equipo blanco llevaba dos años intentando cerrar el fichaje de Ronaldo, y por fin lograba la pieza que les faltaba para dominar el mundo del fútbol.

Ronaldo iba a ser el máximo referente de un equipo lleno de figuras de talla mundial. Y tenía trabajo que hacer. El Real Madrid había caído cinco veces consecutivas en octavos de final de la Liga de Campeones. El club había perdido su hegemonía. Se esperaba que Ronaldo lograra revertir esa situación. Puede que algunos sintieran presión ante semejante reto, pero Cristiano, no. En su presentación, Ronaldo sonrió y saludó a la multitud. Semanas después, debutó con el Real Madrid en una impresionante victoria por 3-2 sobre el Deportivo de La Coruña. Y, por supuesto, marcó un gol.

QUÉ DICEN SUS CRÍTICOS

«Ronaldo ha marcado muchos goles, pero nunca ha llegado a transformar un equipo como lo ha hecho Messi».

¡ERROR!

Ronaldo se convertiría en la superestrella del Real Madrid durante nueve temporadas, marcando 451 goles en 438 partidos. Aunque el estilo del Real Madrid con Ronaldo no cambió tanto como el del Barcelona con Messi, su éxito fue igual de rotundo. Con dos ligas, tres Mundiales de Clubes y cuatro Ligas de Campeones, Ronaldo respondió con creces al precio pagado por su traspaso devolviendo la gloria al Real Madrid.

Y Ronaldo no solo lo logró con el Real Madrid…

- En el Sporting Club de Portugal, Ronaldo acaparó titulares y se dio a conocer al mundo del fútbol.
- En el Manchester United, logró llevar el club a una nueva dimensión, tal y como reconoció el técnico Mike Phelan.
- Con su llegada a la Juventus, Ronaldo multiplicó el atractivo del club, triplicando los patrocinios de camisetas y duplicando los seguidores del equipo en Internet.
- Con su fichaje por el Al-Nassr, dio un impulso al fútbol saudí y abrió el camino para que muchos otros futbolistas de élite llegaran a esta liga.

El palmarés de Ronaldo con sus clubes también es impresionante:

- Tres veces campeón de la Premier con el Manchester United (2006-07, 2007-08, 2008-09)
- Dos veces campeón de LaLiga con el Real Madrid (2011-12, 2016-17)
- Dos veces campeón de la Serie A con la Juventus (2018-19, 2019-20)
- Cinco veces campeón de la Liga de Campeones (2007-08, 2013-14, 2015-16, 2016-17, 2017-18)
- Cuatro veces campeón del Mundial de clubes (2008, 2014, 2016, 2017).

Si buscas un valor seguro para que tu equipo, ¿a quién ficharías? ¡A RONALDO!

¿QUIÉN GANA?

¡No puede estar más reñido! Ambas estrellas han tenido un impacto increíble en el fútbol de clubes, pero de maneras un tanto diferentes. Mientras que Ronaldo lo ha logrado en equipos de varios países, Messi ha permanecido en un solo club durante 21 años. ¿Qué tiene más mérito? Es muy difícil de responder, así que, de momento, pasemos al siguiente apartado.

SELECCIÓN

Ambos jugadores han cosechado grandes éxitos con sus selecciones: Messi con Argentina y Ronaldo con Portugal. Pero ¿qué impacto ha tenido cada uno en la historia del fútbol de su país?

LIONEL MESSI

A diferencia de con el Barcelona, la trayectoria de Messi con Argentina ha tenido muchos más altibajos. Hasta 2021, los resultados fueron bastante decepcionantes:

- Tres finales de la Copa América perdidas (2007, 2015, 2016)
- Una final de la Copa Mundial perdida (2014)
- Ningún gran trofeo internacional ganado.

«¿Por qué Messi no logra el mismo éxito con Argentina que con el Barcelona? ¿Es porque no le importa tanto su país?», se quejaban los aficionados.

Tal afirmación no tiene ningún sentido, y, por suerte, Messi pudo demostrarlo liderando a Argentina en la victoria de tres grandes competiciones en dos años. Con Messi, Argentina ganó la Copa América en 2021, la Copa de Campeones Conmebol-UEFA en 2022 y, especialmente, ¡la Copa Mundial en 2022!

Sí, levantar la Copa Mundial fue un gran esfuerzo de equipo, pero ¿lo habría logrado Argentina sin los siete goles y las tres asombrosas asistencias de Messi? Complicado… Para muchos aficionados, la Copa Mundial 2022 fue el torneo de Messi, del mismo modo que México 1986 fue el de Maradona.

Aunque algunos argentinos siguen prefiriendo a Diego Maradona por su increíble habilidad y por su pasión, Leo ha logrado una contribución igual de espectacular a la historia del fútbol de su país. «Diego nos llenaba de emociones. Pero, entre los dos genios, Messi, sin duda, es mejor que Maradona», afirmó el exjugador argentino y entrenador del Atlético de Madrid Diego Simeone.

Podría afirmarse que Messi ha dado más alegrías a los aficionados al fútbol, pero dejaremos que los argentinos, grandes forofos del fútbol, discutan sobre esta cuestión…

CRISTIANO RONALDO

En la actualidad, Portugal es un aspirante fijo a ganar el Mundial y la EURO, pero, en el pasado, nunca se le consideró un gigante del fútbol internacional. Durante gran parte de su historia, rara vez logró llegar a inquietar a las grandes selecciones. De hecho, antes de la llegada de Cristiano, la selección lusa apenas había sacado la cabeza en el panorama internacional. Veamos los datos.

RESULTADOS DE PORTUGAL ANTES DE RONALDO

COPA MUNDIAL 1930	✕ No se clasificó.
COPA MUNDIAL 1934	✕ No se clasificó.
COPA MUNDIAL 1938	✕ No se clasificó.
COPA MUNDIAL 1950	✕ No se clasificó.
COPA MUNDIAL 1954	✕ No se clasificó.
COPA MUNDIAL 1958	✕ No se clasificó.
EURO 1960	✕ No se clasificó.
COPA MUNDIAL 1962	✕ No se clasificó.
EURO 1964	✕ No se clasificó.
COPA MUNDIAL 1966	Tercer puesto
EURO 1968	✕ No se clasificó.
COPA MUNDIAL 1970	✕ No se clasificó.
EURO 1972	✕ No se clasificó.

COPA MUNDIAL 1974	✕ No se clasificó.
EURO 1976	✕ No se clasificó.
COPA MUNDIAL 1978	✕ No se clasificó.
EURO 1980	✕ No se clasificó.
COPA MUNDIAL 1982	✕ No se clasificó.
EURO 1984	Tercer puesto
COPA MUNDIAL 1986	Fase de grupos
EURO 1988	✕ No se clasificó.
COPA MUNDIAL 1990	✕ No se clasificó.
EURO 1992	✕ No se clasificó.
COPA MUNDIAL 1994	✕ No se clasificó.
EURO 1996	Cuartos de final
COPA MUNDIAL 1998	✕ No se clasificó.
EURO 2000	Tercer puesto
COPA MUNDIAL 2002	Fase de grupos

Portugal solo se había clasificado para tres de las 17 Copas Mundiales. También se había clasificado para tres EURO de un total de 11. Portugal es un país relativamente pequeño, con unos 10 millones de habitantes. Es evidente que, si se compara con Brasil (215 millones), Alemania (83 millones) o Argentina (46 millones), tiene más dificultad para formar un equipo de futbolistas con talento. Pero, con Cristiano Ronaldo, todo cambió…

Con la llegada de Ronaldo, la selección inició una racha de resultados asombrosa. Portugal no solo se clasificó para la fase final de todos los torneos internacionales que disputó, sino que ¡también empezó a ser un equipo muy a tener en cuenta!

RESULTADOS DE PORTUGAL CON RONALDO

EURO 2004	Subcampeón
COPA MUNDIAL 2006	Cuarto puesto
EURO 2008	Cuartos de final
COPA MUNDIAL 2010	Octavos de final
EURO 2012	Tercer puesto
COPA MUNDIAL 2014	Fase de grupos
EURO 2016	¡Campeona!
COPA MUNDIAL 2018	Octavos de final
EURO 2020	Octavos de final

Además, ¡Portugal también ganó la Liga de Naciones de la UEFA 2019! Ronaldo, a 23 de marzo de 2025, como demuestran sus cifras récord de partidos jugados como internacional (219) y de goles con la selección (136) desde su debut en 2003, ha marcado la diferencia. Sin duda, ha logrado su objetivo personal de que Portugal se convirtiera en una potencia del fútbol internacional.

«No se pueden comparar las victorias de Portugal con las de Argentina, Brasil o Alemania. Para Portugal, es más complicado», dijo Ronaldo.

¿QUIÉN GANA?

Pues... ¡de nuevo está la mar de reñido! (¡Sí, esto no es nada sencillo!).

Ambos jugadores han tenido un enorme impacto en sus selecciones. Ronaldo contribuyó en gran medida a que Portugal pasara de ser un equipo mediocre a convertirse en campeón de Europa, mientras que Messi hizo honor al apodo de «el nuevo Maradona» al conducir a su país a la gloria en la Copa Mundial. ¿Quién es el ganador? No nos precipitemos, ¡aún nos queda analizar un último apartado para determinarlo!

EL FÚTBOL

El fútbol antes de la aparición de Ronaldo y de Messi era muy diferente. Estos dos jugadores no solo han llevado este deporte a un nuevo nivel, sino que también se han motivado mutuamente para alcanzar cotas increíbles. Como ha dicho el futuro aspirante a GOAT Kylian Mbappé: «Creo que Messi ha mejorado a Ronaldo y Ronaldo, a Messi. Para mí, son los dos mejores jugadores de la historia... Tener a un jugador igual de bueno en el equipo rival de la misma liga, creo que es la motivación máxima».

La figura de Messi motivó que Ronaldo se entrenara aún con más ímpetu, mientras que los logros de Ronaldo llevaron a Messi a ser mejor jugador. Y sus increíbles estadísticas y logros legendarios no son los únicos legados que han dejado para la historia del fútbol.

LIONEL MESSI

Es complicado imaginar el fútbol sin Messi, ¿verdad? Sin sus impresionantes regates, sin esos pases que solo él es capaz de hacer, sin los latigazos de su increíble zurda... Aunque te encante Ronaldo, hay unanimidad en que Messi hace que el fútbol sea mucho mejor, pero ¿cómo ha logrado cambiar este deporte para siempre?

TODAVÍA HAY SITIO PARA LOS MÁS PEQUEÑOS

Hubo una época, hacia finales de la década de 1990, en la que parecía que los futbolistas pequeños iban a desaparecer, como los dinosaurios. En todos los campos, en todas las posiciones, los jugadores parecían ser, temporada tras temporada, cada vez más altos. ¿El fútbol se había convertido en un deporte para jugadores altos y corpulentos?

En 2004, apareció un jugador argentino llamado Lionel Messi que solo medía 1,70 m (incluso después de años de recibir un tratamiento con hormonas de crecimiento). Leo demostró al mundo que el tamaño no importa. Si te anticipas a lo que va a ocurrir para ir un paso por delante, nadie puede pararte, ni siquiera el central más alto y fuerte. La increíble habilidad de Messi es (casi) imparable.

CÓMO UN FALSO NUEVE CAMBIÓ EL JUEGO

La posición de falso nueve se ha convertido en bastante habitual en el fútbol moderno, y eso se debe principalmente a un jugador. Todo empezó en 2009, durante un enfrentamiento entre el Barcelona y el Real Madrid...

MESSI, EL REY DEL FALSO NUEVE

Tras recibir el balón en el centro del campo, Messi tuvo el tiempo, el espacio y el genio futbolístico necesarios para dar un pase perfecto por encima del defensa para que Thierry Henry marcara. ¡Qué asistencia! Minutos después, Messi se hizo con el balón de nuevo en la zona del centro del campo, combinó con una bonita pared con Xavi, y batió a Iker Casillas. ¡Gol!

El Barcelona ganó 6-2, pero este partido no se recuerda por el marcador, sino porque Messi descubrió su posición perfecta.

El nuevo rol de Messi era el de falso nueve, un delantero centro con libertad para retroceder a una posición más centrada en el campo cuando quisiera.

Después del partido, la novedosa posición de falso nueve se convirtió en la más popular del fútbol, y sigue siéndolo hoy en día. Aunque Messi hace que parezca fácil jugar de falso nueve, en realidad, es muy complicado. No hay muchos jugadores que aúnen capacidad creativa y eficacia goleadora. Al fin y al cabo, Messi solo hay uno… ■

CRISTIANO RONALDO

Sus magistrales pases, sus regates increíbles, sus remates y, por supuesto, su icónica celebración con un «siuuu»... Aunque seas un ferviente admirador de Messi, hay unanimidad en que Ronaldo hace que el fútbol sea mucho más emocionante. Pero ¿cómo ha logrado cambiar este deporte para siempre?

MÁS VELOZ, MÁS POTENTE Y MÁS FUERTE

Cristiano Ronaldo no descubrió la fórmula del buen deportista, pero supo entenderla y sacarle el máximo partido. Entendió la importancia de llevar una forma de vida lo más profesional posible para mejorar su rendimiento, y, por eso, sabía que estaba en sus manos alcanzar la excelencia como futbolista. Cristiano es famoso por la dedicación exclusiva a su profesión:

- Planifica una preparación física detallada para fortalecer su cuerpo.
- Prioriza su recuperación. ¡Se dice que duerme cinco veces al día!
- Cuenta con un nutricionista y un cocinero personal para asegurarse de que su alimentación es lo más adecuada posible.

Ronaldo pasó de ser un adolescente muy delgado a un potente goleador, y demostró al mundo lo que es posible si uno está dispuesto a trabajar duro. Era un futbolista más rápido, más en forma, más fuerte y más potente que los futbolistas de generaciones anteriores. Si a Ronaldo le funcionó, seguro que a otros también les podría servir.

Muchos otros jugadores han copiado sus métodos de entrenamiento. Ahora, es normal que los futbolistas tengan sus propios cocineros, entrenadores personales e incluso asesores del sueño. Gracias a la influencia de Ronaldo, los futbolistas juegan con mayor intensidad, mueven el balón rápidamente por el campo y eso repercute en la vistosidad del juego.

REESCRIBIENDO EL PAPEL DEL EXTREMO

A principios de la década de 2000, los extremos tenían un rol muy específico. Se centraban en superar a los defensas rivales y centrar el balón para que los delanteros marcaran los goles. Pero ¿por qué solo se tenían que divertir los delanteros? Ronaldo no tardó en darse cuenta de que podía marcar desde la posición de delantero… y desde la banda. A lo largo de su carrera, Ronaldo ha transformado el papel del extremo en el panorama futbolístico. Un buen ejemplo es su primer *hat-trick* con el Real Madrid en un partido contra el Mallorca en 2010.

LA REVOLUCIÓN RONALDO

Tras esprintar desde el medio del campo, Ronaldo pidió el balón a gritos…

Superó a varios defensas, recibió el esférico en la frontal del área y le hizo una vaselina al portero con una increíble sangre fría. **¡Gol!**

Cuando se reanudó el juego, Ronaldo se colocó pegado a la línea lateral (donde se espera que se sitúe un extremo) y, un poco más tarde, se desplazó hacia el centro. ¿Qué hacía Ronaldo ahí? Antes de que la defensa pudiera reaccionar, bajó un pase con el pecho y envió el balón a la red. ¡Otro gol!

Pegado a la banda, Ronaldo no parecía demasiado peligroso. En especial, bajo la vigilancia de tres defensas. Pero estamos hablando de Ronaldo. Superó al primer defensa, se deshizo del segundo y dejó atrás al tercero. Encaró al portero y puso el balón en la escuadra. **¡Golazo!**

Tres goles increíbles anotados de tres facturas totalmente diferentes. ■

Gracias a Ronaldo, los extremos modernos como Mo Salah o Kylian Mbappé ahora también son goleadores. En lugar de quedarse siempre en la banda, también se desplazan hacia posiciones más centradas, donde pueden marcar goles con más facilidad. Como resultado, cada vez hay más equipos que juegan con un 4-3-3, formación en la que los dos extremos actúan más como delanteros interiores. Los tres atacantes son capaces de marcar goles, lo que supone para la defensa contraria algo indiscutible: **¡peligro!**

COMO CONCLUSIÓN, ¿QUIÉN ES EL GOAT CON MÁS INCIDENCIA?

Bueno, antes de tomar una decisión definitiva sobre ello, nos gustaría hablar de tres maneras en las que Messi y Ronaldo han cambiado el fútbol juntos.

ESTRELLAS CONSTANTES, TEMPORADA TRAS TEMPORADA

En el pasado, la mayoría de los mejores futbolistas brillaban durante unos pocos años, diez a lo sumo. En cambio, Messi y Ronaldo llevan dos décadas en la cima.

Messi y Ronaldo han sido dos de las primeras superestrellas que se han dedicado por completo al fútbol. Ambos han sacrificado muchas cosas (noches divertidas con los amigos, cenas copiosas, vacaciones) para centrarse en ser los mejores futbolistas posibles. Pero ha merecido la pena, ¿verdad? Gracias a ellos, la mayoría de los futbolistas actuales han adoptado la misma predisposición de máximo profesionalismo.

RONALDO Y MESSI: MARCAS MUY VALORADAS

Si Ronaldo y Messi hacen algo, mucha gente también quiere hacerlo. Estas dos estrellas tienen el poder de influir en personas de todo el mundo, ¡no solo en otros futbolistas!

Ronaldo es la persona con más seguidores en las redes sociales. La gente le sigue en masa, ya sea porque lo veneren o porque lo odien. Messi es una persona más reservada, pero también tiene cientos de millones de seguidores. Por eso, las empresas les ofrecen millones de euros para que promocionen sus productos.

Tras ver el dinero que ganaban otras empresas utilizando sus nombres, nuestras estrellas empezaron a sacar al mercado sus propios productos. Se pueden comprar gafas, ropa interior, zapatillas, mantas, perfumes e incluso agua con la marca CR7 de Ronaldo estampada. Messi, por su parte, tiene su propia línea de ropa. Tanto el luso como el argentino son mucho más que futbolistas. Ahora, ¡también son grandes y lucrativas marcas!

EL PODER DE LOS JUGADORES

Antaño, la gente apoyaba a su equipo de fútbol local. Más tarde, cuando la televisión empezó a retransmitir los partidos, el público podía seguir a cualquier equipo. Ahora, gracias a Ronaldo y Messi, todos, además de ser aficionados de sus clubes, también son seguidores de los jugadores.

Desde los desiertos de Egipto hasta las selvas tropicales de Brasil, los aficionados visten las camisetas de Ronaldo y de Messi. Barcelona… Real Madrid… Juventus… Al-Nassr… Inter Miami… Hoy en día, los aficionados al fútbol eligen apoyar al equipo en el que juega su jugador favorito, ¡y Ronaldo y Messi tienen más seguidores que cualquier club del mundo!

Los jugadores son, cada vez más, los que tienen el poder, y todo gracias a superestrellas del fútbol como Messi y Ronaldo.

En esta sección, hemos analizado cómo Messi y Ronaldo han incidido y transformado sus clubes, sus selecciones nacionales y el propio fútbol. Ahora, es el momento de decidir y... **¡votar por el GOAT!**

MATT SE DECANTA POR MESSI

Para mí, no hay duda: Messi ha cambiado el fútbol como ninguna otra estrella. Sin su aportación, el fútbol seguramente sería un deporte más aburrido, practicado solo por tipos grandes y fuertes.

Como estrella del Barcelona, Messi demostró con éxito que la habilidad y el estilo eran mucho más importantes que el tamaño, y eso es solo una parte de su increíble impacto en el juego. También están todos los goles, las asistencias, los trofeos y los momentos mágicos protagonizados año tras año tanto con el Barcelona como con Argentina. ¡Es increíble lo que ha aportado este pequeño gran jugador a la historia del fútbol!

¿Que la mayor parte de su éxito la consiguió en un solo club? Tiene lógica. ¿Por qué dejarías el Barcelona si has contribuido a convertirlo en uno de los mejores equipos de todos los tiempos? ¿Que perdió cuatro finales con Argentina? No es culpa de Messi que sus compañeros de selección no estuvieran a su altura. Además, al final ganaron el Mundial, ¿no? Y un final sabe mucho mejor si hubo contratiempos por el camino.

Puede que no creas en el jugador perfecto, pero yo sí. ¿A quién me estoy refiriendo? Bueno, déjame darte un par de pistas:

- No estoy hablando de Ronaldo.
- Me refiero a un auténtico Dios.
- Vamos, ¡seguro que puedes adivinar quién es!

Messi no solo es el falso nueve perfecto, que combina creatividad y efectividad goleadora, sino también el profesional ideal, que combina talento natural con trabajo duro y dedicación.

Ningún jugador ha brillado nunca tanto y con tanta constancia como Messi, y eso es lo que lo convierte en el GOAT del fútbol.

SETH SE DECANTA POR RONALDO

Nadie ha trabajado más duro para cambiar este deporte que Cristiano. La estrella portuguesa ha demostrado que tu capacidad no tiene límite si estás dispuesto a trabajar al máximo. Puede que otros futbolistas hayan copiado sus rutinas de entrenamiento, pero solo habrá un CR7...

Desde sus humildes orígenes en Madeira, Ronaldo ha conquistado el mundo. En una época en la que la Liga de Campeones es la prueba inequívoca del éxito, Cristiano no solo ha logrado ganarla ¡sino que la ha dominado! Como figura indiscutible de un conjunto plagado de estrellas como el Real Madrid, puso fin al debate sobre quién es el mejor equipo de la historia de la Liga de Campeones al ganarla cuatro veces. Y por si fuera poco, ¡también la ganó con el Manchester United!

La gente quizá objete que nunca ha ganado una Copa Mundial, pero no estaba en la mano de Cristiano elegir dónde nacer. Al ganar la Copa Mundial con Argentina, Messi se ha limitado a repetir la historia. Sin embargo, Cristiano ha llevado a su país a cotas impensables previamente. Portugal ha pasado de clasificarse en contadas ocasiones para disputar los grandes torneos a convertirse en una potencia internacional gracias a la brillantez de Cristiano Ronaldo.

Sí, la contribución de Messi al fútbol es impresionante. Su incidencia en un club ha sido increíble. Pero la incidencia de Ronaldo en varios clubes de diferentes países no admite comparativa. Ponlo en cualquier equipo y Ronaldo brillará, ya sea en un conjunto que juegue al contraataque, que domine la posesión o que se decante más por esperar rezagado al rival. Seguramente también consiga algún récord con todos ellos; después de todo, es el mejor jugador de todos los tiempos.

Matt
Dime, ¿qué más podría lograr Messi en el mundo del fútbol?

Seth
Messi ni siquiera ha ganado la EURO, ¡qué fraude!

Matt
Colega, ¿sabes dónde está Argentina?

Seth
¿Acaso sabe Messi lo que es ganar la Liga de Campeones cinco veces?

Matt
¡Eres insufrible! ¡Menos mal que estamos a punto de acabar este libro!

PUNTUACIONES

	MESSI	RONALDO
INCIDENCIA EN SUS CLUBES	10/10	10/10
INCIDENCIA EN SUS SELECCIONES	9/10	9/10
INCIDENCIA EN EL FÚTBOL	10/10	10/10
PUNTUACIÓN TOTAL	29/30	29/30

Esta ha sido nuestra conclusión. Ahora, ¡es tu turno! En lo que respecta a la incidencia, ¿quién crees que es el GOAT: Messi o Ronaldo?

Mi GOAT de la incidencia es:

....

PRÓRROGA

Ha llegado el momento de que abandonemos el terreno de juego y que vosotros, los suplentes de lujo, nos hagáis el relevo. Así que, mientras nos damos la mano

CARÁCTER

	MESSI	RONALDO
CARÁCTER	Es tímido, tranquilo y callado, pero muy competitivo.	Es impulsivo, decidido y seguro de sí mismo.
	Ha superado todo tipo de obstáculos en repetidas ocasiones.	Tiene una determinación inquebrantable para alcanzar sus metas.
	Lidera con el ejemplo e inspira a los demás a mejorar.	Lidera con el ejemplo estableciendo altas cotas de exigencia.

HABILIDADES

	MESSI	RONALDO
HABILIDADES	Puede que no sea el más alto ni el más fuerte, pero suele ser el más habilidoso.	Es tan rápido, fuerte y potente que sus compañeros del Real Madrid le apodaron La Máquina.
	Es un regateador increíble, un pasador mágico y un rematador letal.	Es capaz de anotar desde cualquier lugar gracias a su potente disparo.
	Su brillante cerebro futbolístico le permite ver cosas que nadie más puede ver.	Se ha adaptado a equipos de diferentes países y campeonatos, ganando títulos allá donde ha ido.

(poco probable), intercambiamos camisetas (imposible) y nos dirigimos a los vestuarios, recordemos los aspectos que hemos analizado y los datos clave…

ESTADÍSTICAS

MESSI	RONALDO
Tiene mejor promedio de goles por partido que Ronaldo.	Ha marcado más goles en total que Messi.
Ha ganado ocho Balones de Oro.	Le encanta batir récords, como ser el máximo goleador de la historia de la Liga de Campeones.
Ha ganado más ligas y copas que Ronaldo, ¡incluida la Copa Mundial!	Ha sido el primer jugador en ganar la Liga de Campeones cinco veces.

INCIDENCIA

MESSI	RONALDO
Fue una figura tan importante para el Barcelona que acuñaron el término *messidependencia*.	Ha marcado goles, ganado trofeos y batido récords en cinco países diferentes.
Comandó Argentina a la gloria en la Copa América y en la Copa Mundial.	Convirtió a Portugal en una selección competitiva y con opciones en los campeonatos internacionales.
Demostró que los jugadores más bajitos tienen mucho que decir en el fútbol profesional.	Popularizó la profesionalidad en todos los ámbitos del fútbol, ejerciendo de ejemplo para generaciones de futbolistas que buscan la excelencia física.

NUESTRAS PUNTUACIONES

	CATEGORÍA	MESSI	RONALDO
CARÁCTER	PERSONALIDAD	9/10	9/10
	MENTALIDAD	9/10	10/10
	LIDERAZGO	8/10	8/10
HABILIDADES	FÍSICAS	8/10	10/10
	TÉCNICAS	10/10	9/10
	TÁCTICAS	10/10	8/10
ESTADÍSTICAS	RENDIMIENTO	10/10	9/10
	PREMIOS INDIVIDUALES	10/10	9/10
	TROFEOS DE EQUIPO	9/10	9/10
INCIDENCIA	CLUBES	10/10	10/10
	SELECCIÓN	9/10	9/10
	FÚTBOL	10/10	10/10
	PUNTUACIÓN TOTAL	112/120	110/120

Ahora bien, es importante recordar que esta es solo nuestra opinión. Lo bueno del fútbol es que todos podemos tener nuestra opinión personal.

Seth
Es una lástima que las opiniones de algunas personas sean más acertadas que las de otras, ¿verdad, Matt?

Matt
Por supuesto. Aunque no me sorprende que alguien que es seguidor del Peterborough United no sepa nada de fútbol.

Seth
Claro, claro… Se me había olvidado lo desesperados que estaban Messi y Ronaldo por jugar en el Southampton…

Pero, antes de que te decantes por el Equipo Messi o por el Equipo Ronaldo, hemos seleccionado algunos momentos estelares de sus carreras para que los disfrutes, así como las opiniones de algunas figuras destacadas del mundo del fútbol para que te ayuden a decidir.

MOMENTOS ESTELARES DE MESSI

EL REY DEL CLÁSICO

REAL MADRID 2 | 6 BARCELONA

2 DE MAYO DE 2009

En su primer partido como falso nueve, Messi destrozó al Real Madrid. Marcó dos goles y el Barcelona conquistó un nuevo título de liga.

IMPARABLE EN LA FINAL DE LA LIGA DE CAMPEONES

BARCELONA 3 | 1 MANCHESTER UNITED

28 DE MAYO DE 2011

Barcelona y Manchester United se enfrentaron en la final de la Liga de Campeones. Con el partido empatado a 1, Messi regateó a un rival y envió un disparo raso y escorado a la escuadra. 15 minutos después, Messi llevó a cabo un avance imparable y asistió a David Villa para marcar el tercer gol del Barcelona. ¡El Barcelona era el nuevo campeón!

EL AÑO MÁGICO DE LEO

2012: ¡TODO EL AÑO!

El año 2012 fue de ensueño para Messi, con 69 partidos jugados, 91 goles anotados y 22 asistencias. Resulta complicado quedarse con algunos momentos puntuales, como:

- Los impresionantes lanzamientos de falta contra el Real Madrid y el Atlético de Madrid.
- El *hat-trick* mágico logrado contra el Málaga.
- Un nuevo *hat-trick*, esta vez con Argentina contra Brasil, donde destacó un golazo tras una jugada en solitario partiendo desde el centro del campo.

LA MAGIA DE LA MSN

BARCELONA 3 | 1 JUVENTUS

6 DE JUNIO DE 2015

Messi no logró marcar en su tercera final de la Liga de Campeones, pero brilló formando parte de la nueva MSN (Messi, Suárez y Neymar). Con empate a 1, asistió a Luis Suárez en el segundo gol. Neymar logró el tercer tanto para sentenciar la victoria.

¡CAMPEONES DEL MUNDO (POR FIN)!

ARGENTINA 4 | 2 FRANCIA

18 DE DICIEMBRE DE 2022

Después de 17 años de intentos y fracasos, Messi ganó por fin un gran torneo con su país en 2021. A continuación, llegaron dos éxitos más: la Finalissima (el partido entre los campeones de Europa y Sudamérica), y, luego, el mayor logro de todos: ¡la Copa Mundial! A pesar de la enorme presión, Messi ofreció su mejor rendimiento en años y Argentina se llevó la final en los penaltis. ¡Hurra! ¡Era el único gran trofeo que le faltaba al genio argentino!

MOMENTOS ESTELARES DE RONALDO

EL NACIMIENTO DE UNA ESTRELLA

SPORTING CLUB DE PORTUGAL
3 | 1
MANCHESTER UNITED

7 DE AGOSTO DE 2003

Ese fue el encuentro en el que el poderoso Manchester United de sir Alex Ferguson fue destrozado por un joven prodigio de dieciocho años. Ronaldo jugó tan bien que Ferguson se negó a abandonar Lisboa hasta que logró cerrar un acuerdo para ficharlo.

UNA NOCHE MEMORABLE EN MOSCÚ

MANCHESTER UNITED 1 | 1 CHELSEA

21 DE MAYO DE 2008

La primera final de la Liga de Campeones que disputó Ronaldo fue una montaña rusa. Tras adelantar al Manchester United con uno de sus clásicos remates de cabeza, falló un lanzamiento desde el punto fatídico en la tanda de penaltis. Pero, por suerte, también erraron John Terry y Nicolas Anelka por el Chelsea. Al final, el Manchester United se proclamó campeón de Europa tras imponerse en la tanda de penaltis.

EL LÍDER DE PORTUGAL, DENTRO Y FUERA DEL CAMPO

PORTUGAL 1 | 0 FRANCIA

10 DE JULIO DE 2016

Aunque Ronaldo solo estuvo sobre el terreno de juego 25 minutos en la final de la EURO 2016, desempeñó un papel muy importante en el partido. Después de que una temprana lesión le obligara a abandonar el campo, Cristiano se convirtió en un entrenador más y en un auténtico motivador del equipo. Y funcionó: Portugal anotó el gol de la victoria en el minuto 109, y Ronaldo se paseó cojeando feliz por el campo, para ¡celebrar su primer trofeo internacional!

MR. LIGA DE CAMPEONES

JUVENTUS 1 | 4 REAL MADRID

3 DE JUNIO DE 2017

De las seis finales de la Liga de Campeones que ha disputado Ronaldo, esta fue, sin duda, su mejor actuación. Marcó el primer gol del Real Madrid con un excelente remate raso, y también anotó el tercero tras una irrupción en el área pequeña.

¡RONALDO AL RESCATE!

PORTUGAL 3 | 3 ESPAÑA

15 DE JUNIO DE 2018

Cristiano, en otra actuación estelar, anotó los tres goles de Portugal en este partido de la Copa Mundial 2018. Cabe destacar especialmente el tercer tanto, un auténtico golazo. Con su equipo perdiendo en el minuto 88, Ronaldo lanzó un tiro libre que se coló por la escuadra.

EL MUNDO DEL FÚTBOL SE POSICIONA...

EQUIPO MESSI

«Messi es único. No creo que volvamos a ver un jugador igual».

DECLAN RICE

«Soy un gran admirador de Ronaldo, pero creo que Messi es el mejor jugador de todos los tiempos».

MARCUS RASHFORD

«Messi es especial. Es imposible que haya otro como él».

DAVID BECKHAM

«Sin duda, Messi es el mejor de la historia».

RONALDINHO

«Prefiero a Messi que a Ronaldo, pero Ronaldo es un animal».

DIEGO MARADONA

«Messi es el mejor jugador que ha dado el fútbol».

SERGIO RAMOS

«De los que he visto jugar, Messi, sin duda, es el mejor».

NEYMAR JR.

«Cada uno tendrá su opinión, pero nadie puede dudar de que Messi es el más grande de todos los tiempos».

PEP GUARDIOLA

Como mencionamos antes, ¡no somos los únicos que no nos ponemos de acuerdo sobre quién es el GOAT definitivo del fútbol! Para ayudarte a tomar la decisión final, pensamos que te vendría bien un poco de ayuda de algunos futbolistas y entrenadores famosos que han compartido momentos con Ronaldo y Messi.

EQUIPO RONALDO

«Actualmente, el mejor jugador del mundo es Cristiano Ronaldo. Creo que es el mejor porque es el más constante».

PELÉ

«Cristiano es el mejor».

ZINEDINE ZIDANE

«Entrenamiento, profesionalidad, concentración, motivación, éxito... Cristiano supera a todos los demás».

ROBERTO CARLOS

«Si Messi es el mejor del planeta, Ronaldo es el mejor del universo».

JOSÉ MOURINHO

«Ronaldo es muy duro. Podría jugar en el Millwall, en el Queens Park Rangers o en el Doncaster Rovers y marcar un *hat-trick* en un partido. No estoy seguro de que Messi pudiera lograrlo».

ALEX FERGUSON

«Con sus actuaciones en los últimos 10 o 15 años, Cristiano ha demostrado a todo el mundo que es el mejor jugador de la historia».

BERNARDO SILVA

«Creo que su aportación, sus estadísticas y los goles en grandes finales quizá le den ventaja [sobre Messi]».

FRANK LAMPARD

EN SUS PROPIAS PALABRAS...

«Nos motivábamos el uno al otro porque somos muy competitivos. Él [Ronaldo] siempre quería ganar a todo el mundo y ganarlo todo. Fue una época muy bonita para nosotros y para la gente a la que le gusta el fútbol en general».

MESSI

«A quien le guste Cristiano Ronaldo no tiene por qué odiar a Lionel Messi, o viceversa, porque los dos somos muy buenos. Cambiamos la historia del fútbol y lo seguimos haciendo».

RONALDO

¡Piiii! Eso es todo, amigos; ha sonado el pitido final. Hemos hecho todo lo posible para ofrecerte todo lo que necesitas saber sobre nuestros GOAT y su…

- Carácter
- Habilidades
- Estadísticas
- Incidencia

Ahora, ¡tú decides! ¿Quién crees que es el GOAT del fútbol: Messi o Ronaldo? Tanto si gritas «siuuu» para decantarte por Ronaldo como si señalas al cielo para hacerlo por Messi, es importante no olvidar que ambos son jugadores increíbles. ¡Suerte!

Mi GOAT definitivo del fútbol es:

…………………………………

NO TE PIERDAS LA COLECCIÓN

LOS GOAT DEL FÚTBOL